职业教育

法律职业教育精品系列教材

知识产权法原理与实务

黄炎娇 主编
郭雷 刘邢 副主编

知识产权出版社
全国百佳图书出版单位
—北京—

图书在版编目（CIP）数据

知识产权法原理与实务/黄炎娇主编. —北京：知识产权出版社，2022.3
ISBN 978-7-5130-7931-0

Ⅰ.①知… Ⅱ.①黄… Ⅲ.①知识产权法－中国－高等职业教育－教材
Ⅳ.①D923.404

中国版本图书馆CIP数据核字(2022)第003262号

责任编辑：赵　军　　　　责任校对：谷　洋
封面设计：纵横华文　　　　责任印制：刘译文

知识产权法原理与实务
主　编　黄炎娇
副主编　郭　雷　刘　邢

出版发行：知识产权出版社有限责任公司　　网　址：http://www.ipph.cn
社　址：北京市海淀区气象路50号院　　邮　编：100081
责编电话：010-82000860转8127　　责编邮箱：zhaojun99668@126.com
发行电话：010-82000860转8101/8102　　发行传真：010-82000893/82005070/82000270
印　刷：北京虎彩文化传播有限公司　　经　销：新华书店、各大网上书店及相关专业书店
开　本：787 mm×1092 mm　1/16　　印　张：11
版　次：2022年3月第1版　　印　次：2022年3月第1次印刷
字　数：195千字　　定　价：58.00元
ISBN 978-7-5130-7931-0

法律职业教育精品系列教材

编　委　会

作者简介

宋淑华 女，1970年出生，中国政法大学双学士，法律硕士，悉尼科技大学民商法硕士，原最高人民法院三级高级法官，现任北京市京翰律师事务所高级合伙人律师、最高人民法院知识产权案例研究北京基地专家。

刘 邢 男，1986年出生，中国青年政治学院法律硕士，现任北京互联网法院一级法官。

孙智慧 女，1965年出生，1990年毕业于中国政法大学，原任北京政法职业学院教授，研究方向经济法、国际法。

李迎春 女，1974年出生，中国政法大学法学博士，现任北京政法职业学院讲师，兼职律师，研究方向知识产权法、行政法。

郭 雷 男，1980年出生，中国人民大学经济学学士，中国政法大学法律硕士，现任北京政法职业学院讲师，兼职律师，研究方向经济法、金融法。

江 昀 女，1982年出生，对外经济贸易大学经济学学士，英国诺丁汉大学经济学硕士，现任北京政法职业学院讲师，研究方向经济学、知识产权。

黄炎娇 女，1984年出生，中国民航大学文学学士，中国青年政治学院法律硕士，现任北京政法职业学院讲师，兼职律师，研究方向民商法、知识产权法。

前 言

知识产权背负着技术和法律双重属性，根本上运用于商业。在新技术和新商业模式革命性爆炸式发展的环境下，给知识产权、相关法律及其产业的发展不断带来挑战、注入活力，热点问题和新的发展不断涌现。知识产权行业整体上需要更多复合型人才的加入以填补缺口。近年来，高等职业层面一直致力于培养知识产权专业的辅助型人才，一般通过三年学制的高等职业专科教学，为中小微企业培养知识产权工作人员，或者为大中、高新企业和知识产权服务机构、律师事务所、知识产权局、知识产权法院培养知识产权专业人员的事务助理，以及知识产权代理人和知识产权流程管理员。

基于人才市场的需求以及职业教育特点，由此对相关课程的教材提出了一个全新的要求。

为了适应高等职业教育人才培养模式以及教学课程改革，北京政法职业学院特别邀请司法机关、律师事务所等行业专家与学院专业教师共同组成课题组，遵循职业教育的开放性、职业性的特征，对课程教材进行贴合式的修改。课题组从教学实际出发，针对当前教学改革、课程改革中出现的新问题进行了深入、系统的思考和研究，根据专业人才培养目标以及课程需求编写了高等职业院校《知识产权法原理与实务》课程教材。

本部教材具有如下特点：

1. 宏观上以知识产权职业内容为导向，微观上以知识产权的基础法律内容以及知识产权实务的主要内容为主线，将著作权实务、商标实务以及专利实务结合相关基础知识编写成综合项目模块，实现全新体例。

2. 内容选取上，将知识产权法的基础知识、基本理论、法律依据、真实案例与知识产权实务融合。力求“教、学、做、训、评”的有机结合。

3. 本教材内容与北京政法职业学院主持建设的国家级法律文秘教学资源库（http://flwm.bcpl.cn）中的知识产权法网络课程相结合，可以实现线上、线下同步教学。

课题组对于制约高等职业教育发展的教材问题进行了突破性的创新和探索，教材内容尚有不足之处，课题组在今后的高等职业教育教学与课程改革中还将不断研究。

本部教材由黄炎娇同志担任主编，郭雷、刘邢同志担任副主编，孙智慧、李迎春、江昀等同志参加了编写和审稿工作。特别是课题组邀请到行业专家原最高人民法院三级高级法官，现任北京市京翰律师事务所高级合伙人律师宋淑华同志，以及北京互联网法院一级法官刘邢同志加入课题组参加编写。行业专家对本教材体例及法律实务部分提供了宝贵的意见和建议。在此对所有为本教材编写和出版给予支持和帮助的领导、同志们一并表示诚挚的谢意！

本书撰稿人分工如下：

孙智慧、黄炎娇　第一单元　认识知识产权

刘　邢、黄炎娇　第二单元　身边的著作权

郭　雷、江　昀　第三单元　商标的力量

黄炎娇、郭　雷　第四单元　专利的世界

全书由黄炎娇统稿，郭雷、李迎春同志为统稿做了大量工作。

编　者

2021 年 12 月

目　录

第一单元　认识知识产权

【单元概述】

本单元主要涉及以下内容：知识产权的定义、特征、对象，并简要介绍知识产权制度的起源和发展，以及知识产权行业职业人才特点及岗位内容。在本单元中，需要重点掌握知识产权的定义和特征，对知识产权制度形成基本的认识，并初步了解知识产权的社会功能以及知识产权制度的历史与现状。通过了解知识产权行业职业特点，树立职业目标。

项目一　知识产权从哪来

【情景导入】

我们经常会说知识是无价的，然而知识当真无价吗？知识产权在今天被越来越多的人们所认识和了解，在知识产权这种制度出现后，我们会发现知识其实是可以有价的。知识产权使“知识”作为法律意义上的财产权从而获得保护。然而“知识”作为财产权的标的和我们所理解的财产物又有所不同，因为“知识”一词传递给我们更多的是一种信息，一种人脑智力的成果，它具有无形性。所以，这也就考验着知识产权这种制度如何实现在该领域内法律所需要的某种平衡，那就是在保护一定范围内的人类精神文明的同时，还能激励更多的人贡献自己的智慧去参与人类社会的创新、创造。

思考：中国古代的四大发明是不是“知识财产”？我们为什么要保护知识？

一、知识产权的定义和特征

“什么是知识产权？它很高端吗？离我们很远吗？感觉好抽象啊！”这些都是初学知识产权的同学们发出的感叹。其实知识产权就在我们身边，离我们不远，也不抽象。比如我们天天使用的手机就有上万个专利，我们看书、听音乐、看电影都和著作权有关，使用的商品也和商标有关，可以说我们每天的衣食住行都是离不开知识产权的。当然你也可以在享受别人创造的智慧成果的同时，从事自己的智力创造，比如写作、写歌、摄影甚至是发明创造等，通过自己的创造行为成为拥有自主知识产权的权利人。所以，看看你身边的事物，从生活到娱乐，可以说处处都有知识产权的影子，知识产权和我们的生活是息息相关的。

（一）知识产权的定义

17 世纪中期法国学者卡普佐夫提出了“知识产权”一词。后来比利时著名法学家皮卡第将知识产权的范围扩展，定义为“一切来自知识活动的权利”。目前学界对于知识产权的定义也并没有形成统一说法，这是因为在知识产权这一概念下还包括了专利权、商标权、著作权等各项具体的权利内容。而“知识”一词包含了智慧、智力等内涵。所以，表述知识产权的概念，多见于两种形式：一种是完全列举知识产权保护对象或者划分的方法，另一种则是直接归纳后下定义，即“知识产权是指人们就其智力创作的成果依法享有的专利权利”。目前，理论上一般认为，知识产权主要是指人们对于自己的智力活动所创造的成果以及经营活动中的标记、信誉所依法享有的权利。

（二）知识产权的特征

知识产权的本质特征在于其权利客体的非物质性。客体的非物质性可以称为客体的无形性。相较于有形的财产权，知识产权的客体是无形的智力创作成果，而且这种智力成果可以脱离其所有者而存在，也可以同时为多个主体所使用，并且，在一定条件下不会因多个主体的使用而使得该项知识财产遭到损耗。例如，《哈利·波特》系列作品就是罗琳女士的创造性智力成果，罗琳女士享有《哈利·波特》的知识产权。《哈利·波特》可以同时被翻译成多种文字，被拍摄为电影。但需要注意的是，无论哪种使用均须获得罗琳女士的授权。

另外，知识产权的法律特征是专有性、地域性和时间性。需要指出的是，这些特征主要是和其他财产权特别是所有权相对而言的，且并非为知识产权所独有。

1. 知识产权法律特征之一：专有性。

知识产权具有专有性。知识产权可以体现在所有人享有的独占权或者排他权以及许可他人使用而获得报酬的权利，其所有人可以通过自己独家实施获得收益，也可以通过有偿许可他人实施获得收益，还可以像有形财产那样进行买卖或质押等。未经其权利人许可，任何单位或个人不得使用，否则就构成侵权，承担相应的法律责任。其实无论是有形的财产权还是无形的财产权，都具备专有性，但是对于知识产权要特别强调其专有性的原因在于知识本身的特点，知识产权作为一项智力成果可以在不特定的公众中进行复制、传播、使用和掌握，而对于有形财产则不存在这一特点。

例如，《哈利·波特》是罗琳女士的创造性智力成果。哈利·波特的人物形象以及故事内容均由罗琳女士创作，我们可以通过阅读书籍，观看经过演绎的电影等方式欣赏到故事的精彩内容。但是作为罗琳女士本人则享有《哈利·波特》系列作品的专有权利。

2. 知识产权法律特征之二：地域性。

知识产权具有严格的地域性特点，地域性是指一国的知识产权并不当然在其他国家有效，即各国主管机关依照其本国法律授予的知识产权，只能在其本国领域内受法律保护，例如，中国专利局授予的专利权或中国商标局核准的商标专用权，只能在中国领域内受到保护，但是在其他国家则不会享有同样的法律保护。我国公民、法人完成的发明创造要想在外国受保护，必须在外国申请专利；我国的商标专用权要想在外国受到保护，必须在外国申请商标注册。著作权也受地域限制，我国法律对外国人的作品并不是都给予保护，我国加入了《保护文学艺术作品伯尔尼公约》和《世界版权公约》等国际公约，履行国际公约规定的义务，保护这些公约成员国的国民作品。

知识产权的地域性特点取决于知识产权的国家授予性，既然知识产权是各个国家按照其本国法律授予的权利，那么如何确认知识产权，就是本国主权范围的事，其他任何国家则无权干预。

3. 知识产权法律特征之三：时间性。

知识产权都有法定的保护期限，保护期限届满，权利即自行终止，成为社会公众可以自由使用的知识。例如，依据《中华人民共和国专利法》（以下简称《专利法》），发明专利的保护期为20年，实用新型和外观设计专利的保护期为10年；依据《中华人民共和国商标法》（以下简称《商标法》），商标在核准注册后，享有10年的保护期；依据《中华人民共和国著作权法》（以下简称《著作权法》）的规定，著作权财产权保护期限是作者有生之年加死后50年。这些都是知识产权时间性的体现。

另外，时间性对于不同类型的知识产权，其到期后所产生的效果也有所区别。对于著作权、专利权来说，知识产权的保护期一旦届满，则作品和专利技术就会进入公共领域，权利必然发生终止。但对于商标权而言，由于其存在续展制度，商标权到期后可以经过续展手续得到延续。基于不同的立法目的，为了更好地平衡社会活动中各方利益，对于不同类型的知识产权的保护期限设置了不同的保护制度。例如，对于著作权和专利权而言，立法目的在于鼓励知识的传播和知识的更新，所以保护期满后进入公共领域会更有利于知识的受众群体，也会激励人们进行更多的文艺创作和发明创造。如果“永续”存在，社会公众始终需要付费使用，反而会妨碍了知识的进步和更新。而对于商标而言，立法目的在于维持商业活动的稳定性，鼓励商家建立良好的商业信誉以及创建知名品牌，一枚长久使用的商标也并非他人进行再创作活动的基础。所以，商标法自然鼓励企业商标做成百年老字号，代代传承。

二、知识产权的保护对象

知识产权保护的是作者的创造性智力成果，在知识的价值得到广泛认可的当今社会，每个人只要做出自己的创造性智力成果，都会得到知识产权法的保护。权利人获得知识产权的保护后，可以在物质与精神上获得双重收益。那么，哪些创造性智力成果和区别性商业标志可以成为知识产权的保护对象呢？我们来看看下面几个国际条约的具体规定。

1.《成立世界知识产权组织公约》（WIPO）。

1967年签订的《成立世界知识产权组织公约》（WIPO）第2条第8款规定，知识产权包括有关下列项目的权利：

（1）与文学、艺术及科学作品有关的权利；

（2）与表演艺术家的演出、录音制品和广播节目有关的权利（以上为著作权、邻接权）；

（3）与人类一切创造领域有关的权利（即专利权）；

（4）与科学发现有关的权利（即发现权）；

（5）与工业品外观设计有关的权利（即外观设计权）；

（6）与商品商标、服务商标、商号及其他商业标志有关的权利（即商品标志权）；

（7）与制止不正当竞争有关的权利（即反不正当竞争权）；

（8）一切其他来自工业、科学及文学艺术领域的智力创作活动所产生的权利。

2.《与贸易有关的知识产权协议》（简称TRIPS协议）。

世界贸易组织《与贸易有关的知识产权协议》（TRIPS协议）划定的知识产权范围有：

（1）版权与邻接权；

（2）商标权；

（3）地理标志权（即原产地标志权）；

（4）工业品外观设计权；

（5）专利权；

（6）集成电路布图设计权（拓扑图权）；

（7）对未披露过的信息专有权（主要指商业秘密权）。

《成立世界知识产权组织公约》和世界贸易组织《与贸易有关的知识产权协议》的内容是国际上普遍认可的规则，两大公约的规定可以作为知识产权保护对象的权利种类。

综上，在实践中，传统的知识产权可大致分为著作权、专利权、商标权。其中著作权自成一体，而专利权和商标权被合称为工业产权。著作权主要适用于能够给人们带来美感和精神享受的各种类型作品。专利权主要保护生产技术领域的技术发明、技术方案。商标权则是商业领域的企业标识，商标更多的是承载着企业的文化和商誉价值。随着科学技术的进步和发展，不断有新的知识产权被纳入知识产权的保护体系，新型的知识产权应运而生，包括集成电路布图设计权、植物新品种、地理标志权和商业秘密等。

需要说明的是，知识产权的种类通常采取列举的方法，即《成立世界知识产权组织公约》和世界贸易组织《与贸易有关的知识产权协议》的方式。还需说明的是，知识产权的权利种类没有止境，会随着科学技术以及人类思维的发展而不断产生新的知识产权的形式。

三、知识产权的起源

人类对于知识产权的概念，并不是和人类社会同时产生的。在农耕社会，人们更重视有形的财产（比如牛羊、土地、房屋、铜板），对于“创造”或者“创意”这种看不见、摸不着的东西没有特别的意识。

但是随着农耕社会的发展，出现很多人造工具，人们为了扩大生产力，又迎来了工业革命。在这之后，世界上出现许多对现代人类文明产生重要影响的发明，比如飞机、电话、电灯等。于是人类开始积极探索，用各种各样的制度和法律来保护发明人的创造成果。这些法律，就是本书中将逐个展开讨论的几类权利：专利权、商标权、著作权……总之，就是让法律为知识经济保驾护航，让知识的创造者能够享受自己应得的收益和荣誉。

关于专利制度的诞生。根据现有史料记载，世界上最早的专利法是1474年的《威尼斯专利法》。该法规定，新颖、实用的机械装置经制造者在元老院登记后，其他人10年内未经许可不得制造，否则会受到处罚。

1623年，英国颁布了《垄断法规》，并于1624年开始实施。它规定此后只对新制造品的第一个真正发明人授予为期14年以内的专利证书和特权。发明人在此期间有权独自制造和经营该产品，其他人不得侵权。这个法规被认为是世界上具有现代意义的第一部专利法，引得欧美等国家纷纷效仿。此后，现代专利制度进入发展阶段。

关于著作权制度的诞生。15世纪，造纸术和印刷术传入西方并得到普及和应用，并且大大降低了书籍印刷的成本，也使得文字类的作品传播更加丰富和广泛。大书商通过大规模的印刷和出版书籍，可以获得丰厚的利润。可是随之而来的盗版也变得容易，于是威胁到了出版商的利益，出版商们要求当时的政府赋予出版商出版特定书籍的垄断权。所以一开始的著作权是注重保护出版商的特许出版权，并非真正意义的著作权。可是久而久之，人们发现，作者在作品创作活动中的地位和贡献不可漠视，保护作者的创作活动才是根本利益之所在。于是出现了现代著作权制度。1709年，英国颁布了《安娜女王法令》，这部法律被誉为著作权法的鼻祖，是人类历史上第一部现代意义上的版权法。1793年法国颁布了著作权法，不仅规定了著作权中的财产权，还规定了人格权，突出了保护作者的精神权利。

项目二　知识产权到哪去

【情景导入】

世界知识产权日（The World Intellectual Property Day）

根据中华人民共和国和阿尔及利亚在1999年的提案，世界知识产权组织在2000年召开的第三十五届成员大会上通过决议，决定从2001年起，将每年的4月26日定为“世界知识产权日”。设立世界知识产权日旨在全世界范围内树立尊重知识，崇尚科学和保护知识产权的意识，营造鼓励知识创新和保护知识产权的法律环境。每年世界知识产权日都会有不同的主题，各成员国将围绕当年的主题在世界知识产权日期间举办各种宣传活动。

时间	主题	时间	主题
2001 年	今天创造未来	2012 年	天才创新家
2002 年	鼓励创新	2013 年	创造力——下一代
2003 年	知识产权与我们息息相关	2014 年	电影——全球挚爱
2004 年	尊重知识产权，维护市场秩序	2015 年	因乐而动，为乐维权
2005 年	思考、想象、创造	2016 年	数字创意，尊重文化
2006 年	知识产权——始于构思	2017 年	创新改变生活
2007 年	鼓励创造	2018 年	变革动力：女性参与创新创造
2008 年	赞美创新，增进人民对知识产权的尊重	2019 年	奋力夺金：知识产权和体育
2009 年	绿色创新	2020 年	为绿色未来而创新
2010 年	创新——将世界联系在一起	2021 年	知识产权和中小企业：把创意推向市场
2011 年	设计未来		

注：以上数据来源于国家知识产权局官方网站。❶

思考：每年世界知识产权日确定的主题是否有你感兴趣的？可以挑选其一，与小组同学展开讨论。你认为对知识产权的保护将给我们的生活带来哪些重要的变化？

一、知识产权的现状

知识产权是近代工业文明的产物，是人类社会发展的动力所在。“科学技术是第一生产力”，科学技术的发展决定着国家的综合实力。文学艺术则是人类的精神财富，是人类精神文明的传承与沿袭。当下，越来越多的国家注重知识产权制度的完善和发展。保护知识产权，是现代文明制度的完善和发展的标志之一。

通过横向比较，我们也会发现，相较于那些知识产权保护制度不太完善的国家，那些知识产权保护制度比较健全的国家，经济会有更高的增长率。实证研究发现，知识产权保护对经济增长的影响复杂。Patrick G.McLennan and Quan V.Le 以 71 个国家为样本，考察了 1996—2006 期间知识产权与人均 GDP 增长率之间的关系。他们研究发现利用软件盗版数据作为侵犯知识产权的代表，软件盗版率上升的国家增长速度较低。另外，研究还发现对知识产权保护规范的国家，能够实现更高的经济增长率。❷

现代国家之间的竞争，不再是蛮夷社会的杀伐绝戮。在知识经济时代，知识产

❶ 国家知识产权局：https://www.cnipa.gov.cn/jsearchfront/search.do?websiteid=100000000000000&pg=&p=&tpl=20&category=&q= 世界知识产权日 .

❷ Patric G.McLennank;Quan V.Le. The Effects of Intellectual Property Rights Violations on Economic Growth,[J].,Modern Economy,2011,2(2):107-113.

权已成为这个时代一个最重要的象征。知识产权的重要性日益为各个国家所认识，许多国家都已经把知识产权保护作为自己参与全球经济技术竞争的一个重要战略提上到议事日程上来。尤其是发展中国家的知识产权保护政策，已成为本国能否克服短期技术困境、促进经济长期增长的关键因素。现代国家之间的经济竞争，往往体现为各国自主知识产权的竞争。其实，不止经济发展需要知识产权的鼎力支持，工业、医疗卫生、科技、商业、教育等各方面都离不开知识产权。当下，许多外国的高新技术企业不愿意把最新技术转让给知识产权保护比较弱的国家的企业，因为害怕转让合约最后无法实施，而且会破坏其核心技术的保护体系。所以说谁掌握了自主核心技术，谁就掌握了主动权。

二、知识产权的发展

众所周知，当今社会快速发展对知识产权的保护问题提出新的思考。网络技术的发展和广泛运用，目不暇接的高新科技的诞生，对现有知识产权制度提出新的挑战。有的发达国家已迅速制定相关的法律制度，我国相关领域的行业专家也在积极研讨，积极应对。

知识本身不是财产，但它是一种战略性资源。未来，知识产权是国家发展的战略性资源，是国家的国际竞争力的核心。加强知识产权的运用和保护，健全技术创新激励制度，保护人类文明的传播，将是各国都要不断探索的方向和前进的道路。

项目三　知识产权在中国

【情景导入】

近年来，我国对知识产权的保护上升为国家战略地位，在现代全球经济中知识产权是关键性的竞争因素。党的十八大以来，我国知识产权事业发展取得显著成效，知识产权法规制度体系逐步完善。知识产权行业发生翻天覆地的变化，2018年国家知识产权局重组，成为集专利、商标、地理标志为一体的世界第一大知识产权局。2019 年 11 月 24 日，中共中央办公厅、国务院办公厅印发《关于强化知识产权保护的意见》，表示将全面强化知识产权保护。

在 2021 年 9 月中共中央、国务院印发了《知识产权强国建设纲要（2021—2035 年）》（以下简称《纲要》）明确了未来 15 年国家知识产权事业的发展方向，描绘出我国加快建设知识产权强国的宏伟蓝图。《纲要》指出，到2025年，知识产权强国建设取得明显成效；到2035年，知识产权综合竞争力跻身世界前列，中国特色、世界水平的知识产权强国基本建成。党中央、国务院印发《纲要》，充分体现了以习近平同志为核心的党中央对知识产权工作的高度重视和殷切期望。

思考：作为未来知识产权行业职业人才应当具备哪些基本的核心素养？

一、我国知识产权制度的历史

我国知识产权制度的建立始于清朝末年。18世纪以后，资本主义生产方式的发展，以及列强侵略给中国带来的文化冲击，促使清政府建立近代法律制度。建立知识产权制度，促进商品经济发展是其中的措施之一。1898年7月，清政府颁布了《振兴工艺给奖章程》，主要内容是对发明创造给予一定期限的保护。在1904年、1910年清政府还颁布了商标法规和著作权法。这些法规被后来的中华民国临时政府、北洋政府和国民政府继承下来，1944年，国民政府颁布了《中华民国专利法》。然而，知识产权制度真正在中国得以实施、完善并蓬勃发展是在新中国成立后，国家制定并颁布了一系列的法律法规，其中包括：1982年《中华人民共和国商标法》、1984年《中华人民共和国专利法》（以下简称《专利法》）、1990年《中华人民共和国著作权法》和1993年《中华人民共和国反不正当竞争法》。此后，为了完善我国的知识产权制度，我国加入了《伯尔尼公约》《世界版权公约》《巴黎公约》《世界知识产权组织版权条约》《世界知识产权组织表演和录音制品公约》等国际条约。

二、我国知识产权制度的发展与变革

我国知识产权制度在新的社会条件和经济发展的大环境下有了更多的发展和实践。

专利法的修订。1984年我国颁布了《中华人民共和国专利法》。随后，在1992年经过第一次修改，2000年经过第二次修改，并在2008年经过第三次修改。2020年10月17日经过第四次修订，这次修订使专利法增进不少亮点，包括明确给予局部外观设计专利保护；延长外观设计专利保护期限；将外观设计专利保护期延长为15年；设立专利开放许可制度、设立药品专利纠纷早期解决机制、限制专利权利滥用、强化专利行政保护等条款。

商标法的修订。1993年《商标法》进行了第一次修改，2001年为了进一步加强对商标专用权的保护，适应中国加入世界贸易组织进程的需要，全国人大常委会对《商标法》进行了第二次修正。2013 年 8 月 30 日第十二届全国人民代表大会常务委员会第四次会议审议并通过了《关于修改〈中华人民共和国商标法〉的决定》，自 2014 年 5 月 1 日起施行。随后，为解决实践中的突出问题，遏制商标恶意注册，加大商标专用权保护力度，2019 年 4 月 23 日第十三届全国人大常委会决定对《商标法》进行了第四次修改，新法自 2019 年 11 月 1 日起施行。

著作权法的修订。1990 年 9 月 7 日颁布《中华人民共和国著作权法》。2001 年 10 月 27 日进行了第一次修正。2010 年 2 月 26 日第十一届全国人民代表大会常务委员会第十三次会议对该法进行了第二次修正。2012 年启动第三次修订，2020 年 11 月对著作权法进行了第四次修订，自 2021 年 6 月 1 日起施行。修改后的著作权法增加惩罚性赔偿制度，法定赔偿上限提高到 500 万元，明确规定法定赔偿额下限为 500 元。另外将电视作品规定为视听作品，对广播权进行合理扩张，并且将作品定义以及作品客体类型进行了修订等，在相关章节我们将进行详细的讲述和学习。

目前，我国已基本建立符合我国发展现状且相对完善的知识产权制度，对知识产权制度实行行政保护和司法保护并行模式。虽然我国知识产权制度建立较晚，只有 20 多年的历史，但是发展速度较快。近年来，我国专利、商标、版权、植物新品种保护、软件登记、集成电路布图设计、地理标志等各种知识产权的申请数量大幅增长。实用新型专利、外观设计专利和商标的年申请量连续多年位居世界第一。近年来屡屡发生的知识产权案件也越来越受到社会各界人士的关注。

随着知识产权经济的风起云涌，技术创新、科技创新、知识创新的巨大价值和潜力越来越成为世界共识。如何协调和平衡知识产权在创造、运用、保护和管理等各方面的发展，将是我国未来发展知识产权的战略性目标。

实训一

【任务】

1. 通过翻阅教材及查阅资料，了解知识产权保护的对象有哪些？

2. 通过查阅资料了解我国参与了哪些知识产权国际条约？[1]

3. 制定课程学习计划。

[1] 中国参加的重要国际公约包括：《伯尔尼公约》、《建立世界知识产权组织公约，WIPO 公约》、《保护工业产权巴黎公约》、《专利合作条约》Patent Cooperation Treatment(PCT)；《国际专利分类斯特拉斯堡协定》(IPC 分类表)；《建立工业品外观设计国际分类洛迦诺协定》；《商标国际注册马德里协定》及其议定书；《商标注册用商品和服务国际分类尼斯协定》；《与贸易有关的知识产权协定》等。

三、知识产权行业职业人才特点及职业内容

（一）知识产权行业职业人才特点

目前知识产权在高校专业目录中本科层次以上划分为法律专业，而在高等职业院校又将其划分到了管理专业。可是纵观市场中知识产权行业职业人才的构成，其并非由单一的法律专业或管理专业人才组成。而知识产权本身也肩负法律与技术、管理、经济等学科的多重属性。

根据国家知识产权局发布的《2020年全国知识知产服务业统计调查报告》得知，大部分知识产权服务机构认为专利代理师应当具有相应的能力和条件。超过80%的服务机构认为专利代理工作需要掌握现代技术、熟知专利法律并具备外语水平的复合型人才，其工作质量和水平直接影响到发明创新的知识产权价值，关系到专利权后续的保护、管理和运用成效；67.5%的服务机构非常赞同专利代理师必须具备良好的个人信誉和职业道德，专利代理师对于在执业活动中获知的技术秘密负有保密义务，直接关系到客户的切身利益。对于商标代理从业人员而言，78.7%的机构认为，商标代理工作需具备法律、经济、营销等相关知识背景并具备一定外语水平的复合型人才；89.0%的机构认为，商标代理从业人员的工作质量和水平对企业的品牌经营影响重大；96.3%的机构认为，商标代理人必须具备良好的个人信誉和职业道德。

所以当你准备加入知识产权行业开始，就需要储备和提升自己的相关专业知识和技能，根据未来不同的就业端口，还应当有准备地了解和掌握行业动态、以及行业中所需要的基本职业技能。例如，未来你要成为一名知识产权经济师，那你不仅需要掌握知识产权及相关法律知识，还需要有一定的管理学或经济学的知识储备。如果想要从事涉外知识产权事务，那可能你还需要提高自己的外语技能。

（二）商标业务职业内容

1. 商标业务的职业准入资质。目前，国家为鼓励知识产权行业的发展，放开了商标代理人的准入资质，除了在商标诉讼业务中需要有律师执业资质外，对其他业务并没有硬性的职业准入限制。作为商标代理人，在学好相关的法律知识的前提下，应当积极参与到相关行业的知识产权经营活动中去，综合运用自己的知识技能，在具体实务中提高自己的业务能力和业务水平。

2. 商标业务的基本类型及职业内容。根据不同的划分标准，商标业务可以分为不同的类型。根据对权利诉求的不同，商标业务类型可以分为商标确权业务和商

标维权业务。根据商标申请业务阶段工作内容的不同，商标业务类型可以分为商标申请前业务和商标申请及后续业务。根据申请对象的不同又分为向商标局及商标评审委员会提交申请业务。根据业务是否涉及司法诉讼，可以分为商标诉讼业务和商标非诉讼业务。

商标诉讼业务和商标非诉讼业务是我们最常用的业务分类方式。在商标的诉讼业务中主要包括行政诉讼、民事诉讼及刑事诉讼的代理工作。在商标非诉业务中主要涉及商标检索、商标近似判断、商标设计、起草商标业务合同、商标国内国际申请、商标顾问、商标监管以及商标行政保护业务等。商标代理人如果不是专业律师，其工作内容多与商标非诉讼业务有关。其中，商标非诉讼业务也是高等职业院校学生未来就业的主要方向。商标非诉讼业务主要包括以下工作内容：商标代理人、商标流程专员。

（1）帮助商标申请人申请注册商标。帮助申请人进行商标查询，商标注册流程的跟进，以及时限监管。

（2）帮助商标权人做好商标转让、使用许可的工作。做好商标转让、使用许可的前期调研工作。商标转让需要双方签订转让合同，在签订合同之前，商标受让人应对转让的商标信息进行核实。

（2）帮助商标权人对注册商标进行监测和有效管理。商标注册申请以后在使用过程中需要建立有效档案管理。如发生商标注册人的名称、地址或其他注册事项变更的情况，需要及时协助权利人提出变更申请。

（3）适时监测商标情况，发现商标利益受损害，积极主张权利。

商标所有人注册商标后，在商业活动中要实时监测自己商标的运行情况，一旦发现有明显的不法行为，应及时提出权利主张，防止造成不必要的经济损失，或给企业带来不当的商业影响。协同企业法律顾问或专业律师的工作，定期监测《商标公告》，发现可能有不当注册申请的商标，应当及时启动异议程序，阻止该申请。

（4）针对侵权和假冒行为进行调查、分析、固定证据。

通过商标监测，如果发现存在侵权假冒行为，应协同企业法律顾问或专业律师完成前期的调查收集、分析工作，以确定是否构成侵权以及构成何种侵权，可协助专业律师通过行政手段或诉讼业务途径制止侵权。见图 1-1 所示。

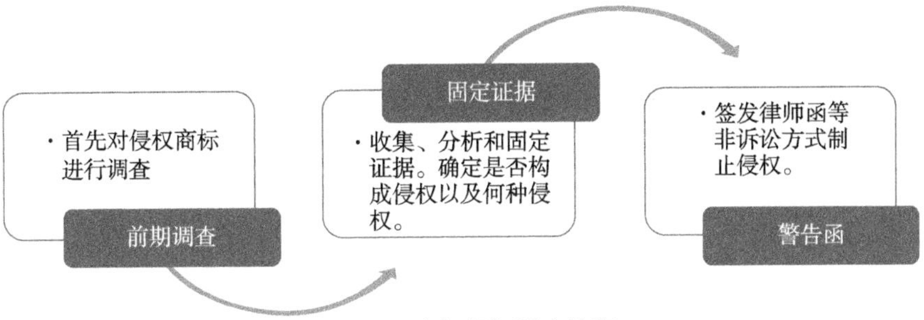

图 1-1　商标侵权调查流程

（5）帮助商标权人建立商标档案、健全商标管理制度。

在商标档案管理中，档案记录了商标从设计到注册以及使用的过程。商标档案内容至少包括商标的设计时间、注册类型、销售时间和销售金额及发票复印件、商标监测、海关备案、行政投诉以及司法诉讼等一切相关材料。根据档案记录，可以协助商标权人制定合适的商标管理制度。

（6）指导商标权人正确使用和宣传商标。

商标权人应当正确使用注册商标。商标代理人应帮助权利人建立有效的合理的管理制度以保证商标的有效运行，在使用过程中还要注意防止商标显著性退化等问题。

（三）专利业务职业内容

1. 专利业务职业准入资质。在专利业务中，除了专利诉讼业务需要有律师执业资质外，专利代理师则需要通过国家统一的职业资格考试才可以从业。专利代理师的报名条件，在学历要求上对于高等职业院校的学生来说是比较友好的，它要求取得国家承认的理工科大专及以上学历，并获得毕业证书或者学位证书即可报考。对于专业属于经济学、教育学、管理学的且其所学理工科课程占全部课程的 2/5 以上或所学理工科课程达 10 门以上也可以报考。具体可见国家知识产权局，专利代理资格考试官方网站。[1]

2. 专利业务基本类型及职业内容。同样的，专利非诉讼业务也是高等职业院校学生未来就业的主要方向。专利非诉讼业务主要包括以下工作内容：第一类：专利代理师、专利工程师——以技术资料为基础，根据技术资料撰写申请文件以及进行检索、翻译、答复等事务；第二类：专利流程人员—　负责专利代理相关的全部流程业务，包括官方文件处理、客户沟通、客户信息处理、与专利代理师文件流转、专利相关时限监管等。

[1] http://agent.cnipa.gov.cn:8000/sipo/index.action?take=0.

实训二

【素材 1】2018 年，国务院机构改革，重新组建国家知识产权局，实现了专利、商标、外观设计、原产地地理标志、集成电路布图设计等知识产权的集中管理。

【任务】重新组建后的国家知识产权局主要职责包括哪些？登陆国家知识产权局官方网站：https://www.cnipa.gov.cn/，进行查询。

【素材 2】小李是一名刚入职的商标代理专员，平时工作踏实勤奋，专业知识能做到触类旁通，可是总是感觉自己在单位很孤单，和同事格格不入，不论自己怎么表现也很难获得指导老师的好评，而且还时不时被批评，感觉被排挤，很难融入新的集体，不能快速进入工作状态，甚至产生了离职的想法。

作为一名合格的从业人员除了过硬的专业知识、职业技能以及敬业精神，还需要掌握一些职场的基本素养。任何人进入一家新公司，都需要一段时间融入新团队。当你准备开启自己的职业之旅时，要做好目标设定，工作中要妥善处理人际关系。如果没有强大的心理素质应对各种不适应，很容易让自己的负面情绪放大，冲动之下做出错误的选择。

【任务】谈谈你对知识产权行业的认识，以及要成为一名合格的知识产权行业人员应当具备哪些知识技能以及职业素养？你准备从哪些方面去提高自己的职业能力？

第二单元　身边的著作权

【单元概述】

本单元主要由著作权基础知识和著作权基础实务两个模块组成。基础知识部分主要涉及以下内容：作品的概念和构成要件、作品类型、著作权的归属、著作权的内容、邻接权。基础实务部分主要涉及以下内容：著作权的登记制度、著作权的行使与限制、著作权的保护等。需要同学们重点掌握作品的构成要件，熟悉思想与表达的界限分析方法。熟悉著作权的权利归属、权利内容以及邻接权的内容。了解著作权集体管理制度以及著作权侵权的救济方式。

项目一　著作权制度概述

【情景导入】

人们上传至互联网上的短视频受法律保护吗？我们随手写的短标题是作品吗？我们旅游时拍的风景照片也享有著作权吗？作品都有哪些类型呢？我们日常生活的很多行为，其实都与著作权的行使和保护有着密切的联系。与著作权相关的产业链，每年在全球范围内创造着数千亿美元的产值。随着我国产业升级和自主创新意识的不断发展，完善作品创作激励和保护机制，已经被提升至文化强国战略的重要组成部分。下面的学习内容，将带领我们走进著作权法领域，挖掘著作权的价值宝藏。

思考：朋友圈里发的“状态”是否享有著作权？

一、作品和作品类型

什么是作品？作品就是作者以语言、文字、图形、符号、绘画、雕塑、音乐、图像等人们可以直接感知或通过机器感知的形式，表达思想、意愿、情感的文学、艺术、科学的智力成果。作品是著作权法保护的客体。简而言之，作品的内容就是人的思想的表达。作品类型很丰富，我们在学习的过程中要学会运用所学知识区分不同类型的作品，这将有助于我们学习和掌握作品权利归属的相关知识。

（一）作品的定义

著作权法保护的“作品”与我们日常生活中所说的作品不完全相同，著作权法中法规定的作品有法定的构成要件，而我们日常生活中所说的作品则范围更广，界定更模糊。所以学习著作权法的时候我们需要更好地理解法定之要意，切不可望文生义。

首先，作为著作权法保护的作品，必须是人类的智力成果。聪明的小动物，在主人的训导下可以掌握人类的绘画“技能”，大象、猴子都曾通过画笔创作图画，还卖出高价。试问，动物的绘画是否构成著作权法意义上的作品呢？如果答案是肯定的，其权利又归属于谁呢？根据我国《著作权法》第 2 条规定：“中国公民、法人或者非法人组织的作品，不论是否发表，依照本法享有著作权。”第 3 条规定：“本法所称的作品是指文学、艺术和科学等领域内具有独创性并能以一定形式表现的智力成果。”这里的公民、法人或者非法人组织当然不包括动物在内。自然形成的风景石林，虽然具有艺术价值，但并非是人类雕刻完成。猴子抢夺游客手机后拍摄的照片，无论拍摄效果如何，因拍摄者不是人类，亦不能称为作品。

其次，作品必须具有独创性。所谓“独”，是指作者完成了作品从无到有的过程，作品被独立创作。即使两件作品完全相同，只要作者能够证明其系独立完成，亦不妨碍各自享有相应的著作权。所谓“创”，是指作品的表达必须具有个性特征。作品的复制品，因其与原件相比不具备个性特征表达，不能视为作品。

最后，作品还必须具有可复制性，即可以某种形式固定在一定的物质载体上，加以复制，并被人感知。在脑海中形成的方案、思想未能通过适当方式表达于外部，不具有被复制的可能，不是著作权法保护的作品。

了解了关于作品的定义，我们再来看情景导入中的思考题，你是否会有更深入的回答？朋友圈的“状态”是否享有著作权，就要看“状态”是否符合作品的以上构成要件，如果符合，当然是可以享有著作权的。但是也要注意排除一些例外情形，即不受著作权保护的对象（例如事实新闻、违法作品等），以及不能形成具体表达的形式（例如节目模式、简短文字等），在后面章节我们会进一步掌握和理解。

【延伸阅读】

（重点阅读本案判决说理部分，加深对作品定义的理解）

2019 年 4 月 25 日，北京互联网法院一审公开宣判原告北京菲林律师事务所诉北京百度网讯科技有限公司侵害署名权、保护作品完整权、信息网络传播权一案。

原告称其为涉案作品的著作权人，被告在其网络平台上发布涉案作品，删除了作品署名、引言等部分，侵害了原告享有的信息网络传播权、署名权、保护作品完整权。被告辩称，涉案文章由图形作品和文字作品两部分构成，均是采用法律统计数据分析软件智能生成，而非原告通过自己的智力劳动创造所得，不属于著作权法保护的范围（作品）。北京互联网法院经审理认为，首先在涉案文章生成的过程中，软件研发者和使用者的行为并非创作行为，相关内容并未传递二者的独创性表达，因此二者均不应成为涉计算机软件智能生成内容的作者，该内容亦不能构成作品；其次软件研发者和使用者均不能以作者的身份在涉案文章上署名。但是，从保护公众知情权、维护社会诚实信用和有利于文化传播的角度出发，应添加相应计算机软件的标识，标明相关内容系软件智能生成；最后，虽然计算机软件智能生成内容不构成作品，但不意味着公众可以自由使用，涉计算软件智能生成内容凝结了软件研发者和使用者的投入，具备传播价值，应当赋予投入者一定权益的保护。本案最终判决：北京百度网讯科技有限公司刊登道歉声明、支付北京菲林律师事务所经济损失 1000 元及合理费用 560 元。[1]

（二）作品的类型

依据不同的标准可以对作品进行不同的分类。

（1）按照作品的表现形式不同，可以把作品分为口述作品、文字作品、文艺作品（包括音乐、戏剧、曲艺、舞蹈作品等）、影视作品（包括电影、电视、录像、录音作品）、工程设计作品（包括工程设计图、产品设计图及说明书、模型作品、建筑作品等）、图形作品（包括地图、示意图、线路图等）、民间文学作品（指民间广泛流传、没有固定的载体、没有确定的作者的作品，包括传说、寓言、神话、音乐、舞蹈等）、计算机软件作品等。[2]

---

[1] 参见 (2018) 京 0491 民初 239 号民事判决书。

[2] 根据《中华人民共和国著作权法实施条例》（以下简称《著作权法实施条例》）第 4 条：著作权法和本条例下列作品的含义：（一）文字作品，是指小说、诗词、散文、论文等以文字形式表现的作品；（二）口述作品，是指即兴的演说、授课、法庭辩论等以口头语言形式表现的作品；（三）音乐作品，是指歌曲、交响乐等能够演唱或者演奏的带词或者不带词的作品；（四）戏剧作品，是指话剧、歌剧、地方戏等供舞台演出的作品；（五）曲艺作品，是指相声、快书、大鼓、评书等以说唱为主要形式表演的作品；（六）舞蹈作品，是指通过连续的动作、姿势、表情等表现思想情感的作品；（七）杂技艺术作品，是指杂技、魔术、马戏等通过形体动作和技巧表现的作品；（八）美术作品，是指绘画、书法、雕塑等以线条、色彩或者其他方式构成的有审美意义的平面或者立体的造型艺术作品；（九）建筑作品，是指以建筑物或者构筑物形式表现的有审美意义的作品；（十）摄影作品，是指借助器械在感光材料或者其他介质上记录客观物体形象的艺术作品；（十一）电影作品和以类似摄制电影的方法创作的作品，是指摄制在一定介质上，由一系列有伴音或者无伴音的画面组成，并且借助适当装置放映或者以其他方式传播的作品；（十二）图形作品，是指为施工、生产绘制的工程设计图、产品设计图，以及反映地理现象、说明事物原理或者结构的地图、示意图等作品；（十三）模型作品，是指为展示、试验或者观测等用途，根据物体的形状和结构，按照一定比例制成的立体作品。

（2）按照作品被人感知方式的不同，可以把作品分为人读作品（人直接可读作品）和机读作品（人间接可读作品）两大类。人读作品包括传统的文本型作品（图书、报刊、文献类）、美术作品、摄影作品、艺术作品、口头作品等。机读作品分为两类，一类是模拟作品（非数字化作品），包括传统的音像作品、影视作品、缩微作品（指以缩微胶片为载体的文字、图形作品）；另一类是数字化作品，是指以数字技术加以处理，并以二进制数码为基础生成的语言表述的作品，包括计算机目标程序、数据库作品、多媒体作品等。

（3）按照作品权利归属的不同，可以把作品分为职务作品（或雇佣作品）和非职务作品（非雇佣作品）。亦可因合约产生委托作品。因两个或两个以上的作者合作而完成合作作品。

（三）不受我国著作权法保护的对象

《著作权法》第5条中规定了我国著作权法不保护的客体：

（1）法律、法规、国家机关的决议、决定、命令和其他具有立法、行政、司法性质的文件，及其官方正式译文。官方文件和官方正式译文符合社会公众利益属性，国家为鼓励上述文件的复制和传播，选择不向其提供著作权法的保护。但是非官方译文具有独创性的，应认定为作品，受著作权法保护。

应该指出的是，法律、法规、国家机关的决议等文件，本身虽不享有著作权，但其“汇编”却不能随意出版，1990年8月国务院颁布的《法规汇编编辑出版管理规定》明确规定，我国的法律汇编只能由全国人大法工委编辑，行政法规汇编由国务院法制局编辑，军事汇编由中央军委法制局编辑，地方性法规汇编由地方人大常委会及地方政府指定的机构编辑。

（2）单纯事实消息。时事新闻是媒体对有价值的事件的客观报道。时事新闻具有真实性、时效性和准确性的特点。但其缺乏“独创性”，通常不被认定为作品。如果新闻中引入作者独创性的评论，应当被认定为作品加以保护。

（3）历法、通用数表、通用表格和公式。历法、通用数表、公式是人类对客观世界规律的认知与总结，属于思想的唯一或最佳表达。如果将其纳入作品的保护范围，未经许可不得使用，无疑限制了思想自由和创新。通用表格只是用来传递信息，其本身并不表达信息，并不符合成为作品的基本条件。

除此以外，下列内容也不受《著作权法》保护：

（1）已过著作权保护期、进入公有领域[1]的作品。

（2）竞技体育活动。从形式上看，竞技体育活动发生于体育领域，《著作权法》定义的作品发生在文学、艺术、科学领域，二者所处的领域不同。从内容上看，竞技体育活动展现的是人类的运动能力与技巧，与作品表达的可复制的人类智力成果不同。

（3）作者所属国系《伯尔尼公约》[2]和《世界著作权公约》[3]之外的非成员国，而且在其成员国中没有惯常住所，该作品首次出版国与我国也没有保护著作权的双边协定，则不受我国著作权法保护。例如，伊朗作者在伊朗首次出版的作品，在我国不享有著作权。

（4）创意、主题、模式。这一范畴的内容属于思想层面，未能形成具体表达之前，是不受著作权法保护的。这也符合著作权法保护表达而不保护思想这一基本逻辑。

需要注意的是违禁作品的问题。违禁作品是指涉及淫秽、暴力等有损公共利益的作品。我国《著作权法》第 4 条规定与著作权有关的权利人行使权利不得违反宪法和法律，不得损害公共利益。国家对作品的出版、传播依法进行监督管理。可见，著作权法并不否定违禁作品创作者的著作权，也就是说违禁作品也是著作权法意义上的作品，但由于其内容损害了公共利益不能合法地去复制传播。

二、著作权的归属

著作权的权利归属问题实际上是对著作权主体确认的问题。由于著作权的情况复杂，在权利归属问题上不像专利权、商标权那样简单明确，因此在著作权法中分别做出规定。加之著作权为依法自动产生，而不是像专利权、商标权那样经申请、审查（或核准）而获得，又增加了著作权归属的复杂性。

---

[1] 公有领域（Public Domain）作品，是指现行法律并未确立其财产权地位，或已脱离现行法律对其财产权保护的作品。进入公有领域的作品属于公共财富，除著作人身权外，社会成员可以对作品自由、无偿使用。不受我国著作权法保护的对象。

[2]《伯尔尼公约》，全称为《伯尔尼保护文学和艺术作品公约》，是有关著作权最早的国际公约，1886 年 9 月 9 日签订于瑞士伯尔尼，公约初始缔约国包括英国、法国等 10 个国家。公约明确了保护“文学和艺术作品”的范围，即文学、科学和艺术领域的一切成果，不论其表现形式或方式如何。该公约确立了国际版权保护的三大原则，即国民待遇原则、自动保护原则和独立保护原则，并据此制定了相应的保护规则。《伯尔尼公约》是迄今为止成员国最为广泛、内容最为重要的国际版权公约。1992 年 7 月 1 日，第七届全国人大常务委员会第二十六次会议决定我国加入该公约。

[3]《世界著作权公约》，又称《世界版权公约》，是继《伯尔尼公约》之后又一个国际性的著作权公约，1952 年 9 月在日内瓦签订。公约在国民待遇原则、版权保护原则、保护作品范围、经济权利、保护期和溯及力等方面进行了规定。1992 年 7 月 1 日，第七届全国人大常务委员会第二十六次会议决定我国加入该公约。

（一）著作权人

著作权人即著作权的主体，是指对作品依法享有著作权的人。作者，一般是指创作作品的自然人。《著作权法》第 9 条规定：“著作权人包括：（1）作者；（2）其他依照本法享有著作权的公民、法人或者非法人组织。”由此可见，在著作权法领域，著作权人是作者的上位概念，二者不能等同。著作权作为权属的集合概念，包括著作人身权和著作财产权项下的各项权能，享有其中一项或数项权利的人，均为著作权人，即一件作品上可能存在享有不同权利的著作权人。而作品的作者通常享有法定的各项著作权权利，对于一件作品而言，作者是唯一的。

（二）著作权的归属

著作权归属可以分为原始取得和继受取得两类。原始取得是指作品创作完成之后的著作权所属主体。继受取得是指原始著作权确立后，依法转移的著作权所属主体。

1. 原始取得。

我国对著作权的原始取得规定如下：

（1）我国《著作权法》第 11 条规定了著作权原始取得的基本原则：“著作权属于作者，本法另有规定的除外。创作作品的自然人是作者。由法人或者非法人组织主持，代表法人或者非法人组织意志创作，并由法人或者非法人组织承担责任的作品，法人或者非法人组织视为作者。如无相反证明，在作品上署名的自然人、法人或者非法人组织为作者。”如无法律的特别规定或合同约定，著作权原始归属于作者。作者可以是公民，也可以是法人或非法人组织。例如《计算机软件保护条例》规定：“软件著作权人，是指依照本条例的规定，对软件享有著作权的自然人、法人或者非法人组织。”[1]“软件著作权属于软件开发者，本条例另有规定的除外。如无相反证明，在软件上署名的自然人、法人或者其他组织为开发者。”[2]

（2）合作作品的著作权归属。合作作品是指基于合作者的共同创作意愿，通过共同创作所形成的作品。在创作中仅起到辅助作用，没有独创性智力成果的人员，不属于合作作者。在作品完成后又进行补充创作的，属于演绎作品，也不属于合作作品。《著作权法》第 14 条规定：“两人以上合作创作的作品，著作权由合作作者共同享有。没有参加创作的人，不能成为合作作者。合作作品可以分割使用，作者对各自创作的部分可以单独享有著作权，但行使著作权时不得侵犯合作作品整体的

[1] 参见《计算机软件保护条例》第 3 条第 4 项。

[2] 参见《计算机软件保护条例》第 9 条。

著作权。”《著作权法实施条例》第 9 条规定：“合作作品不可以分割使用的，其著作权由各合作作者共同享有，通过协商一致行使；不能协商一致，又无正当理由的，任何一方不得阻止他方行使除转让以外的其他权利，但是所得收益应当合理分配给所有合作作者。”

对于计算机软件的合作作品，在《计算机软件保护条例》第 10 条中作了类似的规定：“由两个以上的自然人、法人或者其他组织合作开发的软件，其著作权的归属由合作开发者签订书面合同约定。无书面合同或者合同未作明确约定，合作开发的软件可以分割使用的，开发者对各自开发的部分可以单独享有著作权；但是，行使著作权时，不得扩展到合作开发的软件整体的著作权。合作开发的软件不能分割使用的，其著作权由各合作开发者共同享有，通过协商一致行使；不能协商一致，又无正当理由的，任何一方不得阻止他方行使除转让权以外的其他权利，但是所得收益应当合理分配给所有合作开发者。”

（3）职务作品的归属。职务作品通常分为一般职务作品和特殊职务作品。两种职务作品的著作权归属和权利行使条件有所不同。

一般职务作品是指公民为完成单位工作任务所创作的作品。一般职务作品不需要单位提供特殊的物质条件帮助，雇员根据单位指示创作完成即可。在权利归属上亦不需要如特殊职务作品一样对单位提供的“物质技术条件”予以权利上的对价回报。一般职务作品作者享有著作权，但单位有权在其业务范围内优先使用。作品完成两年内，未经单位同意，作者不得许可第三人以与单位使用的相同方式使用该作品。[1]超过两年后，作者的著作权权能不再受限，但单位可以在其业务范围内继续使用。

特殊职务作品是指主要利用法人或者其他组织的物质技术条件创作，并由法人或者其他组织承担责任的工程设计图、产品设计图、地图、计算机软件等职务作品[2]。这里所讲的“物质技术条件”应当做限缩解释，是指为创作专门提供的资金、设备或者资料[3]。单位为员工提供的文具、工位、电脑等常用设备并不能被视为形成职务作品所不可替代的条件。单位提供的设备、资料等须具备稀缺性，于他处不易获得且在作品形成过程中起到重要辅助作用。例如开发计算机软件过程中提供的原始程序代码、单位建立的数据库等。特殊职务作品的作者享有署名权，著作权的其

[1] 参见《著作权法》第 18 条第 2 款第 1 项。
[2] 参见《著作权法》第 18 条第 2 款第 1 项。
[3] 参见《计算机软件保护条例》第 11 条第 2 款。

他权利由单位享有，单位可以给予作者奖励。

此外，法律、行政法规规定或者合同约定著作权由单位享有的职务作品，作者除享有署名权和获得报酬权外，不再享有著作权的其他权利。

需要注意的是，对于计算机软件著作权归属问题，应当适用《计算机软件保护条例》的特别规定。条例第13条规定："自然人在法人或者其他组织中任职期间所开发的软件有下列情形之一的，该软件著作权由该法人或者其他组织享有，该法人或者其他组织可以对开发软件的自然人进行奖励：（一）针对本职工作中明确指定的开发目标所开发的软件；（二）开发的软件是从事本职工作活动所预见的结果或者自然的结果；（三）主要使用了法人或者其他组织的资金、专用设备、未公开的专门信息等物质技术条件所开发并由法人或者其他组织承担责任的软件。"这些规定与著作权法中的规定是有一定区别的。计算机软件构成职务作品的，著作权（包括署名权）均归单位所有。而此条中第二款所述计算机软件作品显然不属于职务作品，但依照条例规定著作权仍归单位所有。

（4）委托作品的著作权归属。委托作品是指受托人根据委托人的委托创作的作品。受委托创作的作品，著作权的归属由委托人和受托人通过合同约定。合同未作明确约定或者没有订立合同的，著作权属于受托人。❶

如果著作权属于受托人，委托人在约定的使用范围内享有使用作品的权利；双方没有约定使用作品范围的，委托人可以在委托创作的特定目的范围内免费使用该作品。❷

需要注意的是在两种特殊情况下，如果没有约定，作品的著作权归委托人所有。一种是由他人执笔，本人审阅定稿并以本人名义发表的报告、讲话等作品，著作权归报告人或者讲话人享有。著作权人可以支付执笔人适当的报酬。❸另一种是自传体作品，如无约定著作权归该特定人物享有，执笔人或整理人对作品完成付出劳动的，著作权人可以向其支付适当的报酬。❹

从一般职务作品、委托作品的著作权归属上，我们可以发现著作权原始取得者通常为作者，而非单位或委托人。这一现象实际客观反映了大陆法系著作权立法对作者著作人身权的倾向性保护。在大陆法系国家，通常认为作品是作者人格的延伸

❶ 参见《著作权法》第19条。

❷ 参见《最高人民法院关于审理著作权民事纠纷案件适用法律若干问题的解释》（以下简称《著作权司法解释》）第12条。

❸ 参见《著作权司法解释》第13条。

❹ 参见《著作权司法解释》第14条。

和精神的反映。而在英美法系国家，版权被视为一种财产权而非人身权，因此在雇主或委托人支付了相应的创作对价之后，可以享有作品原始取得的各项权利，无须给予创作者更多的保护。

（5）电影作品和以类似电影的方式创作的作品（以下简称影视作品）著作权的归属。影视作品在制作时同时凝聚了编剧、导演、摄影师、词曲作者等诸多参与人创造性的智力成果，故其属于合作作品。他人如需使用合作作品，需征得合作作者的一致同意。但是，如果影视作品遵循上述授权许可程序，将极大地降低作品的利用效率和收益，造成诸多不便。对此，我国《著作权法》第17条规定："视听作品中的电影作品、电视剧作品的著作权由制作者享有，但编剧、导演、摄影、作词、作曲等作者享有署名权，并有权按照与制作者签订的合同获得报酬……"因此，影视作品的著作权归属，已通过法律直接规定的形式赋予了制片人原始取得的权利，此为合作作品著作权归属之特例。

此外，对于影视作品中可分割的部分作品，著作权依然可以按照可分割的合作作品著作权行使规则行使。《著作权法》第17条第3款规定："……视听作品中的剧本、音乐等可以单独使用的作品的作者有权单独行使其著作权。"

（6）汇编作品的归属。汇编作品是指对若干作品、作品的片段或者不构成作品的数据或者其他材料进行选择或编排，体现出作者独创性的作品。汇编作品和下文即将阐述的演绎作品，都是在已有作品基础上创作的，在结构上具有复合性。[1]按照汇编作品的定义，可将其分为两类，一类是对作品或作品片段的汇编，另一类是对不构成作品的数据或其他材料进行的汇编。汇编作品受到著作权保护是因为汇编作者在汇编的过程中对汇编对象进行了选择与判断，其独创性体现于其中，也是汇编作品的智力成果所在。汇编作品的著作权由汇编人享有，但行使著作权时，不得侵犯原作品的著作权。

（7）演绎作品的归属。演绎作品是指"改编、翻译、注释、整理[2]已有作品而产生的作品。演绎作品著作权由改编、翻译、注释、整理人享有，但行使著作权时不得侵犯原作品的著作权。"[3]

演绎作品的独创性体现在其对原作品的延伸和发展。例如将金庸先生原著《笑傲江湖》改编成影视剧本，原著中许多情节的描写将会被改编为人物对话、肢体动

❶ 参见《著作权法》第15条。

❷ 所谓注释，指对文字作品中的字、词、句进行解释；所谓整理，指对内容零散、层次不清的已有文字作品或者材料进行条理化、系统化的加工，如古籍的校点、补充等。

❸ 参见《著作权法》第13条。

作和场景描绘。这些体现了改编作者思想、经验和技巧等综合性的智力加工和文字表达。又例如《笑傲江湖》原著曾被改编为多个影视剧版本，每一版本都有令观众印象深刻的情节，均体现了改编者不同的创作成果，相应的每一位改编者均对其改编作品享有著作权。应当说明的是，将计算机软件由源代码改编为目标代码，或将一种高级语言写成的源程序转换为另一种高级语言写成的源程序，也应被视为一种“翻译”行为。

如需使用演绎作品著作权，既要获得演绎作品著作权人的许可，也要获得原作品的著作权人许可。因为演绎作品虽然有演绎作者的创作成果，但没有改变原有作品的基本表达。所以演绎作品的再使用，需要“双许可，双付费”。

值得注意的是，我国《著作权法》中将以下两种情况作为“权利限制”的例外处理，符合这两种情况的，可以不经著作权人许可，不向其支付报酬，但应当指明作者姓名、作品名称。一种是将中国公民、法人或者其他组织已经发表的以汉语言文字创作的作品翻译成少数民族语言文字作品在国内出版发行；另一种是以阅读障碍者能够感知的无障碍方式向其提供已发表的作品，例如将已发表作品改编成盲文出版。[1]上述规定，体现了方便知识文化在特定群体中传播的立法目的。

（8）作者身份不明的作品归属。《著作权法实施条例》第13条规定：“作者身份不明的作品，由作品原件的所有人行使除署名权以外的著作权。作者身份确定后，由作者或者其继承人行使著作权。”

2．继受取得。

著作权的继受取得，与物权的继受取得类似，是指著作权可以通过转让、赠与、继承等方式获得。但是由于著作权兼具人身权和财产权属性，能够继受取得的权利范围，仅限于著作财产权。作品的发表权、署名权、修改权和保护作品完整权一般不能转让、赠与。即便是作者已经去世，其著作权的发表权、署名权、修改权和保护作品完整权也只是由作者的继承人或者受遗赠人保护，而非权利获得继承。

此外，我国《著作权法》中对著作权的继受取得还有如下规定：

（1）关于转让著作权合同的内容。《著作权法》第27条规定，转让本法第10条第1款第5项至第17项规定的权利，应当订立书面合同。权利转让合同包括下列主要内容：①作品的名称；②转让的权利种类、地域范围；③转让价金；④交付转让价金的日期和方式；⑤违约责任；⑥双方认为需要约定的其他内容。

（2）关于作品原件所有权转移后的著作权归属。《著作权法》第20条规定：

---

[1] 参见《著作权法》第24条第1款第11、12项。

“美术等作品原件所有权的转移，不视为作品著作权的转移，但美术作品原件的展览权由原件所有人享有。”另外需要注意的是，作品原件所有权的转移，并不改变作品著作权的权利归属，这也是基于著作权人身权不可转移的这一权利属性。

（3）关于作者死后的著作权归属。《著作权法》第 21 条第 1 款规定：“著作权属于公民的，公民死亡后，其本法第 10 条第 1 款第 5 项至第 17 项规定的权利在本法规定的保护期内，依照继承法的规定转移。”法律规定的第 10 条第 1 款第 5—17 项主要是指著作权的财产权。著作财产权可以发生继承和转移。《著作权法实施条例》第 14 条规定：“合作作者之一死亡后，其对合作作品享有的使用权和获得报酬权无人继承又无人受遗赠的，由其他合作者享有。”

（4）关于作者死后的著作权的保护。作者死亡后，其著作权中的署名权、修改权和保护作品完整权由作者的继承人或者受遗赠人保护。著作权无人继承又无人受遗赠的，其署名权、修改权和保护作品完整权由著作权行政管理部门保护。作者生前未发表的作品，如果作者未明确表示不发表，作者死亡后五十年内，其发表权可由继承人或者受遗赠人行使；没有继承人又无人受遗赠的，由作品原件的合法所有人行使。基于著作权法鼓励创作的立法目的，发表权作为著作人身权在无特殊限制的情况下，继承人也是可以得以行使的。只要作者生前没有明确表示不能发表该作品的，法律还是希望能有更多优秀的作品问世，以丰富人类的精神世界，使得人类文明得以传播。

（5）关于单位变更、终止后的著作权归属。《著作权法》第 21 条第 2 款规定：“著作权属于法人或者非法人组织的，法人或者非法人组织变更、终止后，其本法第 10 条第 1 款第 5 项至第 17 项规定的权利在本法规定的保护期内，由承受其权利义务的法人或者其他组织享有；没有承受其权利义务的法人或者非法人组织的，由国家享有。”

实训一

【素材 1】红旗中学委托某科技公司为其开发有关教学的计算机软件，并约定项目开发经费为 10 万元人民币，双方在协议中没有约定著作权的归属。该计算机软件由某科技公司的工作人员李某、赵某等五人开发完成，之后由某科技公司交付红旗中学。某科技公司与育新中学签订许可使用协议，许可育新中学使用该计算机软件。[1]

阅读素材内容，请回答以下问题：

（1）本案争议的作品是何种类型的作品？

（2）委托作品未明确作品权利归属的情况下，著作权应归属于哪一方？为什么？

（3）属于一般职务作品还是特殊职务作品？为什么？

【素材 2】傅某创作完成小说《战神》，后被当地动漫公司经授权后改编成知名漫画《战神之火》，某网络游戏公司经该动漫公司授权后，制作成经典通关游戏《战神光影》，傅某认为网游公司开发的该款游戏侵犯了其著作权，将该网络游戏公司诉诸法庭。[2]

【思考题】阅读素材内容，请回答以下问题：

（1）漫画公司经授权后改编的漫画《战神之火》属于什么作品？

（2）网游公司开发的游戏《战神光影》是否侵犯了傅某的著作权？

三、著作权的内容

著作权，是指文学、艺术和科学作品的作者对其创作的作品依法享有的民事权利。在大陆法系国家称之为作者权（Author's right），在英美法系国家称之为版权（copyright），日本称之为著作权。这三个概念基本含义相同，但是在内涵和外延上严格地讲还是有所区别的，大陆法系国家的作者权或著作权，侧重于保护作者人身权利，英美法系国家的版权，侧重于保护作者的财产权利。我国在立法上虽然使用了“著作权”这一概念，但是立法体系内兼容了英美法系的诸多立法规则和理念。我国《著作权法》第 57 条规定，“著作权”和“版权”为同义。

广义的“著作权”一词，不仅包括作品的作者依法享有的权利，还包括作品传播者依法享有的权利，即著作权的邻接权（Neighboring right）。狭义的“著作

[1] 该素材中设计的是计算机软件作品。根据著作权法的相关规定，在委托开发作品的协议中未明确约定作品权利归属的，该委托成果应当由受托人享有著作权。又由于完成作品的工作人员李某、赵某等人是为了完成单位的工作任务而进行，则应当判断该作品是属于一般职务作品还是特殊职务作品。我们知道计算机软件开发工作比较复杂，一般情况下是需要单位资金支持，以及特殊物质技术条件的支持才能完成，所以该作品应属于特殊职务作品。所以在该案中应当由该科技公司享有著作权，而软件开发工作人员应享有署名权和报酬权。

[2] 在该素材中傅某为《战神》小说的原始著作权人，动漫公司经授权后改编的《战神之火》属于演绎作品。演绎作品著作权人行使著作权时不得侵犯原作品的著作权。所以，游戏公司开发游戏时，使用演绎作品《战神之火》，既需要获得演绎作品著作权人的许可，也要获得原作品著作权人的许可。演绎作品虽然有演绎作者的智力成果，但并没有改变原作品的基本表达，所以该素材中网游公司只获得演绎作者许可而进行游戏开发，侵犯了傅某的著作权。（可参考《鬼吹灯》游戏改编案：上海市第二中级人民法院民事判决书（2010）沪中民五（知）初字第 158 号。

权”一词不包括邻接权。狭义的“著作权”从其内容上讲包括两类权利，一类是人身权利；另一类是财产权利。根据我国《著作权法》规定，著作人身权包括作品发表权、署名权、修改权和保护作品完整权；著作财产权包括作品复制权、发行权、出版权、出租权、公开传播权、演绎权、汇编权、整理权、抵押权、追续权等。广义“著作权”中的邻接权包括出版者权、表演者权、录音录像制作者权和广播电台、电视台播放者权。

著作权学习与理解的核心逻辑是，以描述受控行为范围来界定权利内容。例如：法律规定了作者对作品享有署名权，并非是为了强调作者对自己的作品享有署上自己名字的权利，而更多的是为了控制他人在别人作品上未经未许可的署名行为。

（一）著作权人身权

著作权人身权亦可称作著作权人格权，传统大陆法系国家认为，作品是作者精神的象征和人格的延伸，属于天赋人权的范畴，应当予以优先保护。

著作权中的人身权利与传统民法中的人身权既有联系，又有区别。传统民法中的人身权主要包括生命权、人格权、自由权、肖像权、健康权等，是基于自然人的出生而产生的，只与民法的主体自然人相联系，任何人皆可享有。人身权绝大部分是随着自然人的死亡而丧失（肖像权和部分法律保护的人格利益除外），而著作权中的人身权是基于作品的完成而产生的，同时与著作权法的主体（作者）和客体（作品）相联系。著作人身权可以在作者死亡后，仍附于其作品上继续存在，继承人或受遗赠人可依法对这些权利加以保护。

1. 发表权。发表权是指作者具有决定其作品是否公之于众，以及何时首次公之于众，以何种方式、通过哪些表现形式公之于众的权利。所谓公之于众，是指著作权人自行或者经著作权人许可将作品向不特定的人公开，但不以公众知晓为构成条件。[1]例如将作品出版发行、上传至公开网络平台、演出、展览等。发表权属于一次性权利，一旦作品公之于众，作者的发表权也即行使完毕，因为作品已经通过特定形式，达到了为公众所知悉的状态，该状态无法逆转。

发表权通常与著作财产权一并行使，存在下列三种情形可推定著作权人许可行使其发表权：第一，作者将未发表的美术作品或摄影作品的原件转让。根据《著作权法》第 20 条的规定，美术等作品原件所有权转移，美术作品原件的展览权由原件所有人享有。故原件所有人行使展览权时即可产生作品发表的效果。第二，作者

❶ 参见《著作权司法解释》第 9 条。

同意将未发表的作品摄制成电影或其他方式传播。第三，作者将未发表的著作财产权转让。当然，即便是存在上述三种情况，也不妨碍作者在先发表作品。此外，需要注意的是，作者生前未发表的作品，如果作者未明确表示不发表，作者死亡后50年内，其发表权可由继承人或者受遗赠人行使；没有继承人又无人受遗赠的，由作品原件的所有人行使。该规定旨在促进著作权文化价值的实现。

2. 署名权。署名权是指作者有标明其身份，在作品上署名的权利。署名权是著作人身权的核心权利。其主要包含以下几方面的内容：第一，作者可以决定自己是否在作品上署名；第二，作者可以决定署名的方式，即使用真名、笔名、化名或网名等。如果作者以笔名投稿，编辑在修改作品时未经作者同意披露作者真名或修改笔名，构成对作者署名权的侵犯。第三，合作作者可以决定署名的顺序；第四，作者可以禁止未参加创作的人在作品上署名。例如，禁止他人利用强势地位强行在作品上署名；第五，作者可以禁止或许可他人用自己的名字去发表他人的作品。[1]除特殊情况，演绎作品中原作品作者仍然享有署名权。[2]

3. 修改权。广义的修改权是指作者具有修改或者允许他人修改其作品，禁止他人修改或歪曲、篡改其作品，收回自己已经发表的作品并禁止他人发行自己申明收回的作品的权利。广义的修改权也可以分为“修改权”（狭义）、“保护作品完整权”和“收回权”三种。我国《著作权法》采取修改权和保持作品完整权并列表述的模式，即采用了狭义的修改权定义，且未将收回权列入著作人身权立法表述。

狭义的修改权是指作者可以修改或授权他人修改作品的权利。对修改权的权利范围，应当从形式和实质两个层面加以理解。从形式层面来看，修改是对作品内容局部的变更以及文字、用语的修正。[3]从实质层面来看，修改不应当改变作品内容的表达。如果未经作者许可的修改实质性改变了作品的表达，则构成对保护作品完整权的侵犯。需要注意的是，报纸杂志编辑对作品进行校对、文字编辑等活动不构成对修改权的侵犯。

4. 保护作品完整权。保护作品完整权是指作者保护作品不受歪曲、篡改的权利。歪曲是指故意改变事物真相或对事物作不正确的反映，篡改是指用作伪的手段对作品进行改动或曲解。与修改权不同的是，保护作品完整权保护的是作品表达的思想、情感等不受侵犯。

---

[1] 亦有观点认为该行为仅侵犯了作者的姓名权，不构成侵犯作品署名权。

[2] 参见《著作权法实施条例》第19条。

[3] 参见胡康生主编：《中华人民共和国著作权法释义》，43页，法律出版社，北京，2002年。

（二）财产权利

著作财产权是指著作权人享有以特定方式利用作品并获得经济回报的权利，

以立法的方式规定著作财产权的范围和行使规则，一方面有助于作者的创作行为获得持续的价值回报，不至于因创作而陷入经济拮据的境况，另一方面有助于激励更多的人从事创作活动，还有助于保护作品的传播价值，实现著作权法的实施目的。著作财产权的内容随着时代发展和人类技术水平的进步呈不断扩充的趋势，例如早期著作权人享有的财产权利主要是复制权和表演权，随着计算机网络技术的发展和普及，作品的网络传播行为如果不加以规范和控制，将导致著作权人遭受巨大的损失，因此就有必要将信息网络传播权纳入著作权的保护范围。

1. 复制权。复制权是著作权中最重要、最基本的权利之一。复制权是指著作权人具有自行复制其作品、许可或禁止他人复制其作品的权利。所谓复制一般是指以印刷、复印、拓印、录音、录像、翻录、翻拍、数字化等方式将作品制作一份或多份的行为。[1]这种复制一般不改变原作品的载体，或者不改变原作品的体现方式。例如图书在印刷厂中批量印刷、将照片翻拍等。

需要注意的是，《著作权法》所列举的各类复制行为，并非是穷尽列举，如果以类似方法将作品制作为一份或多份，均属复制行为。例如以下几类方式：第一，将无载体的作品固定在载体上的行为，如对口述作品的录音、表演活动的录像等；第二，将原作品从平面变为立体或从立体变为平面的转换行为，如将艺术品拍摄为照片，将平面建筑设计图制造成建筑物，将平面艺术作品制成立体艺术品等；第三，将作品上传至网络、从网络下载或向其他计算机用户发送。在这种情况下，复制品的载体为计算机网络服务商的服务器、用户端计算机硬盘。

目前各国一般均承认和保护传统复制行为的复制权，而对于其他方式的复制，有些国家则采取区别对待的原则。例如有些国家的著作权法不承认口述作品享有著作权，当然就不会保护口述作品的“复制权”。

2. 发行权。发行权是指以出售或赠与的方式向公众提供作品的原件或复制件的权利。从物权角度来看，行使发行权是转移作品原件或复制件的所有权或占有状态，因此要求发行的作品存在有形的物质载体。如作者通过计算机网络向网络服务商平台上传作品，其并未产生转移作品现有物质载体的效果，不属于行使发行权，而是行使了信息网络传播权。

发行权与发表权一样，遵循“一次用尽”原则，但具体含义上有明显不同。发

[1] 参见《著作权法》第10条第1款第5项。

行权的一次用尽原则，是指作品经销售或赠与之后，该特定原件或复印件的发行权即已用尽，著作权人无法控制该特定原件或复制件再次流转。例如著作权人无权控制二手书或二手唱片的买卖或赠与行为。但是如果出版商在首次发行的图书售罄后再次加印出版图书，则构成再次发行行为，需要获得著作权人的授权。

对于发行权，还应当注意，不同的发行方式，不同发行地域的“发行权”在使用中是相互独立的，必须分别加以明确。如果对于某一出版作品，仅取得了国内出售发行权，那么出口该出版作品就是侵权行为。同样，如果仅取得了某一出版作品在某个国家的出售发行权，到另外一个国家去出售发行也会构成侵权。

3. 出版权。出版权并非是我国《著作权法》明确规定的权利。鉴于社会公众经常使用“出版”一词，且在一些国家著作权法中已将其单独列出，本书作简要介绍。

所谓出版权，是指作者对其作品具有选择适当的载体出版的权利，也包括许可或禁止他人出版的权利。这也是作者所具有的一项最基本的财产权。从历史上看，复制权与出版权曾有过极为密切的关系。一般认为，复制权是随着印刷术的出现而逐步产生的，因此最早出现的复制权应该是出版权，随后才逐步发展为完整的著作权。传统意义上发行的复制件一般为出版物，因此发行与出版的关系也很密切。出版是为了发行，只出版不发行，出版就失去了意义。出版物须经过发行才能提供给公众。通常认为，出版行为中实际包括了发行行为，即“出版 = 复制 + 发行”。但出版与发行毕竟还是两种不同的行为，因此也可以分别行使，在一般的出版合同中，对这两种权利都要分别加以明确。

出版还是复制和发行的一种特殊方式，其特点在于：一是经作者同意才进行的一种复制，二是所复制的数量要能够满足公众的合理需求，三是作品的复制品要向公众提供，包括出售、出租等。其重要性体现在以下几方面：一、出版是复制的最主要方式；二、世界上两个主要的著作权公约《伯尔尼公约》和《世界著作权公约》都把作品的“首次出版地”作为确认作品“国籍”的标准；三、在少数国家实行注册著作权制，作品创作完成后享有不完整的初期著作权，只有出版后提交注册登记，才能享有完整的著作权。出版后没有进行注册，作品进入公有领域，不再享有著作权。因此，“出版”对确认著作权的存在起着关键的作用；四、出版往往是作者行使其他权利的前提条件。对作品进行改编、翻译、拍摄电影、电视、编辑、注释等，一般是针对已出版的作品。作品出版以后，著作权人才便于许可他人利用其作品进行上述创作活动。五、出版是作品“发表”的重要形式之一。对于那些在著作权法中不承认作者精神权利的国家，当然不会承认并保护作为精神权利内容之一的“发表权”，但可以承认出版权。作者在行使出版权，转让或许可他人出版作品时，就等于行使了自己的“发表权”。所以说，在特定条件下，出版权可以包含着“发表权”。

4. 出租权。出租权是指作者或其合法继承人具有许可或禁止将其有著作权的作品原件或复制件向公众出租的权利。出租权主要适用于计算机软件和视听作品的原件或复制件。

5. 公开传播权。传播权是指作者具有许可或禁止他人将其作品以多种方式进行宣传、介绍、传送的权利。根据传播的方式的不同，具体可以分为表演权、放映权、展览权、广播权、信息网络传播权等。

（1）表演权。我国《著作权法》规定，表演权是指公开表演作品，以及用各种手段公开播送作品的权利。[1]即表演权的控制范围包括直接表演和间接表演的行为。其中公开表演作品，即直接表演，是指以朗诵、演奏、演唱、演出等形式现场表现作品。用各种手段公开播送作品，主要是指机械表演（间接表演），即借助技术设备再现直接表演并加以传播，例如，在餐厅、咖啡厅等商业场所播放背景音乐的行为。表演权主要适用于文学作品、戏剧作品、音乐作品等。但是如果属于我国《著作权法》第 24 条规定的免费表演[2]，则不属于著作权人控制的范围。

（2）放映权。放映权是指通过放映机、幻灯机等技术设备公开再现美术、摄影、电影和以类似摄制电影的方法创作的作品的权利。[3]放映权实际上应属于机械表演的范畴，但我国《著作权法》通过立法方式单独加以保护，故放映权保护的客体应当严格限于法律界定的范围，即美术、摄影、电影和以类似摄制电影的方法创作的作品。

（3）展览权。展览权是指作者具有许可或禁止将其作品原件（特殊情况下也可能是复制件）公开陈列的权利。展览权主要适用于美术作品、艺术作品、摄影作品，以及名人的文学作品手稿等。但我国《著作权法》规定展览权控制的范围仅限于美术作品、摄影作品的原件或复制件。[4]对于人物肖像作品，因涉及民法所保护的肖像权问题，以营利为目的的展览应当征得肖像权人同意。

[1] 参见《著作权法》第 10 条第 1 款第 9 项。

[2] 《著作权法》第 24 条第 1 款第 9 项规定，免费表演已经发表的作品，该表演未向公众收取费用，也未向表演者支付报酬的，可以不经著作权人许可，不向其支付报酬，但应当指明作者姓名、作品名称，并且不得侵犯著作权人依照本法享有的其他权利。

[3] 参见《著作权法》第 10 条第 1 款第 10 项。

[4] 参见《著作权法》第 10 条第 1 款第 8 项。

美术等作品原件所有权的转移，不视为作品著作权的转移，但美术作品原件的展览权由原件所有人享有。[1]

因美术作品原件通常具有较高的经济价值，且其价值的实现需要依靠作品原件的展示和流转实现，作者将原件出售后，也难以对作为物品的原件加以实际控制，因此法律将作品的展览权赋予原件所有人享有。需要注意的是，所有人享有展览权意味着其可以直接公开陈列展示其作品原件或复印件，该行为也属于发表权的行使范围。因此，作品在发表之前被转让的，应推定作者已经许可受让人可以通过行使展览权的方式发表作品。

（4）广播权。广播权是以无线方式公开广播或者传播作品，以有线传播或者转播的方式向公众传播广播的作品，以及通过扩音器或者其他传送符号、声音、图像的类似工具向公众传播广播的作品的权利。[2]该定义实际上界定了三种受广播权人控制的行为方式：第一种是通过将作品转化成电磁波，公开广播或传播的行为，即发射以作品为信号内容的电磁波的行为；第二种是接收到广播信号后同步进行转播的行为；第三种是接收到广播信号后以扩音器、电视机等设备或手段向公众播放的行为。其中后两种行为直接扩大了广播的受众范围，往往会给行为实施者带来经济效益，因此应当纳入广播权控制范围。广播权不仅适用于一般文学作品，还适用于戏剧作品、电视剧、音像制品等。

（5）信息网络传播权。信息网络传播权是指以有线或者无线方式向公众提供作品，使公众可以在其个人选定的时间和地点获得作品的权利。基于互联网传播技术的日渐发达，公众通过网络获取作品已经逐渐取代购买光盘、纸质书籍等载体，而《伯尔尼公约》因起草时的时代所限，无法将作品通过网络公开传播行为纳入保护范围。因此世界知识产权组织于 1996 年主持缔结了《世界知识产权组织版权条约》（WCT）[3]，将作品通过信息网络传播的行为纳入著作权保护范围。作品通过信息网络传播的核心特征是：公众可以在其个人选定的时间和地点获得作品。对这一核心特征，可以从以下几个方面进行理解：第一，作者上传作品后，公众可以选择浏览或不浏览该作品，公众获得的是浏览该作品与否的选择权；第二，公众可以突破时间和地域的限制浏览该作品；第三，通过网络服务商提供的技术手段，公众可以

[1] 参见《著作权法》第 20 条。

[2] 参见《著作权法》第 10 条第 1 款第 11 项。

[3] 《世界知识产权组织版权条约》（WCT），于 1996 年 12 月 20 日在世界知识产权组织主持下由 120 多个国家代表共同缔结。该条约旨在解决互联网环境下因数字技术应用产生的版权保护的问题。该条约是《伯尔尼公约》第 20 条项下的专门协定，适用《伯尔尼公约》的实体条款。2006 年 12 月 29 日，第十届全国人民代表大会常务委员会第二十五次会议决定我国加入该条约。

选择浏览作品的部分或者全部，且可以选择浏览作品的任何一部分。目前部分数字电视节目运营商可以提供影视作品点播服务，客户可以在其个人选定的时间和地点观看影视作品，故该服务也属于信息网络传播权的控制范围。

6. 演绎权。演绎是指在某一作品的基础上，通过翻译、改编、注释、汇编等再创作方式，派生出新的作品的行为。所谓演绎权是指作者对其作品具有许可或禁止他人进行演绎创作的权利。构成“演绎”要具备两个必要条件：一是派生的新作品要保持原作品创作思想的基本表达，不可随心所欲地加以更改；二是在派生的新作品中要能体现新作者的创造性智力成果。演绎作品不是原封不动地保留原作品的表达，而是在原作品的基础上融入了独创性的智力成果。演绎权可以依据演绎方式的不同分为翻译权、改编权、注释权、汇编权等。我国《著作权法》虽然未对演绎权进行明确的界定，但是明确了属于演绎权类别的四种权利：摄制权、改编权、翻译权和汇编权。

（1）摄制权。摄制权是指作者具有许可或禁止他人将其作品拍摄为电影、电视剧、录像作品，或者将其作品摄制、录入电影、电视剧、录像作品的权利。上述后一类作品主要是指乐曲、歌曲（作为电影等配乐或主题歌），未在公共场所公开长期展示的字画、雕塑等。

（2）改编权。改编权是指作者具有许可以其作品表达为基础，创作新作品的权利。改编权适用于著作权所保护的大部分客体。改编的方式也是多种多样的，针对文字作品而言，扩写、缩写等均属于改编的范围。改编具备两个基本条件：一是改编而成的作品必须忠实于原作的基本内容，二是改编者必须进行创作性劳动。如果作者仅是借鉴了原作品的主题思想，其创作作品的表达与原作并不一致，则不属于改编作品。如果出于个人兴趣或研究需要改编作品，但未用于公开传播，亦属合理使用范围，不构成对作品改编权的侵犯。

（3）翻译权。翻译权是指作者具有许可或禁止他人将其文字、音像作品以另一种语言文字再现，或者将其计算机软件作品由源代码改变为目标代码，由一种计算机语言编写的程序改变为另一种计算机语言编写的程序的权利。翻译权主要适用于文字作品、音像作品、计算机软件作品等。

（4）汇编权。汇编权是指作者具有许可或禁止他人将其作品或者将其作品与他人作品汇编成册出版的权利。被汇编的作品可以是受著作权保护的作品，也可以是不受著作权保护的作品，如已经进入公有领域的作品或者不受著作权保护的数据、资料等。汇编作品必须在选择或编排作品时具有独创性，否则仅是一般意义上整理作品的行为。

7. 其他权利。

（1）注释权是指作者具有许可或禁止他人对其作品或作品的片段进行解释的权利。注释的目的是便于大家更好地理解原作品，一般是对产生年代久远、不易理解，已进入公有领域的作品进行注释。因此，作者一般很少能行使自己的注释权。我国《著作权法》没有对注释权进行规定。

（2）追续权：追续权又称为“转售的版税权”，是指作者具有在其作品被出售以后，从他人转售的盈利中按一定比例提取报酬的权利。追续权一般只适用于美术作品、艺术作品（一般不包括实用艺术品）及文学作品、音乐作品的手稿。追续权只可以由作者及其继承人行使。目前在著作权法中规定追续权的有近二十个国家，主要是大陆法系的一些国家。

（3）抵押权：抵押权属于物权的一种，这里引申到著作权领域，其含义是，作者可以通过向有关行政管理部门登记，将其作品的著作权或部分著作权，作为借贷的担保物。这里是将无形资产的著作权视为有形财产处置。目前在著作权法中规定抵押权的是少数国家。

著作权财产权，还可以分为使用权和获酬权两大类。使用权是指著作权人具有许可或禁止他人以复制、出版、发行、演绎、传播等方式利用其作品的权利。获酬权是指著作权人具有通过利用（包括许可他人）其作品获得经济利益的权利，也包括作者或其合法继承人享有的追续权、出租权等。

（三）我国对外国人著作权的保护

随着我国陆续加入《伯尔尼公约》《世界版权公约》、WCT、TRIPS协定[1]等著作权保护的国际条约，对外国人和无国籍人相关权利提供必要的保护，是我国必须要履行的公约义务。

根据《伯尔尼公约》第3条的规定，受保护的著作权人的范围包括：第一，公约成员国的国民；第二，非公约成员国公民但其惯常住所在成员国国内的作者；第三，作者为非成员国国民，但其作品首次在一个成员国出版，或在一个非成员国和一个成员国同时出版。以上体现了公约保护的身份标准和出版标准。此外，根据

[1] TRIPS协议，即《与贸易有关的知识产权协议》的简称，是世界贸易组织（WTO）的核心法律框架文件之一。是当前世界范围内知识产权保护领域中涉及面广、保护水平高、保护力度大、制约力强的一个国际公约。协议涉及的知识产权共有以下八个方面：著作权及其相关权利、商标、地理标记、工业品外观设计、专利、集成电路布图设计、对未公开信息的保护和对许可合同中限制竞争行为的控制。同时，对上述知识产权的可获得性、范围及行使标准、施行、获得与维持程序、纠纷的预防及解决等，协议中均作了详细规定。

《伯尔尼公约》第 4 条的规定，符合下列条件之一的作品，仍然适用公约保护：第一，电影作品制片人的总部或惯常住所地在成员国内；第二，建筑作品建造在成员国内，或平面和立体艺术作品构成成员国内建筑物的一部分。

我国为起源国[1]，对外国人的作品的保护程度应当遵循《伯尔尼公约》对国民待遇原则的规定。《伯尔尼公约》第 5 条规定："就享有本公约保护的作品而论，作者在作品起源国以外的成员国享有该国法律现在给予和今后可能给予其国民的权利，以及本公约特别授予的权利。"即该条款规定，对外国著作权人应当给予与我国著作权人同等程度的保护，且不低于《伯尔尼公约》中规定的最低限度的保护。

实训二

【素材】何某是一位英文翻译，同时也是文学爱好者。何某打算将著名作家谢某（1933 年 7 月生，2018 年 10 月去世）的作品《京洲世家》翻译成英文出版发行。何某认为谢某在 2018 年已经去世，所以翻译其作品不再需要获得谢某的授权。但为了避免争议，何某还是决定咨询专业人士的意见，于是来到某律师事务所咨询此事。[2]

【思考题】阅读以上内容，回答以下问题：

（1）何某的认识是否正确？翻译谢某的作品是否需要得到授权？为什么？

（2）如果何某在将谢某的作品翻译成英文的过程中进行大幅度的删减，是否侵犯谢某的权利？为什么？

【练习题】应出版社约稿，崔雪创作完成一部儿童题材小说《森林之歌》。为吸引儿童阅读，增添小说的离奇色彩，作者使用笔名"吹雪"，特意将小说中的狗熊写成三条腿的动物。出版社编辑在核稿和编辑过程中，认为作者有笔误，直接将"吹雪"改为"崔雪"、将狗熊改写成四条腿的动物。出版社将《森林之歌》批发

[1] 根据《伯尔尼公约》第 5 条第 4 款规定，起源国是指：（a）对于首次在本联盟一成员国发表的作品，应以该国家为起源国；对于在给予不同保护期的本联盟数成员国同时发表的作品，起源国为立法给予最短保护期的国家；（b）对于在非本联盟成员国和本联盟某一成员国同时发表的作品，应视后者为起源国；（c）对于未发表的作品或首次在非本联盟成员国发表而未同时在本联盟成员国发表的作品，则以作者为其公民的本联盟成员国为起源国，然而（a）对于其制片人于本联盟某一成员国有所在地或经常居所的电影作品，则以该国为起源国；（b）对于建立在本联盟某一成员国内的建筑物或设置在本联盟某一成员国内房屋中的绘画和造型艺术作品，应以该国为起源国。

[2] 该素材中何某的认识显然是错误的。著作权法对于作者的著作财产权的保护期限是作者生前直到作者死后的 50 年的 12 月 31 日。对于著作人身权则是无限期保护。谢某于 2018 年去世，对其著作财产权的保护应持续到 2068 年的 12 月 31 日，该权利可以由谢某的著作权继承人来继续行使。而何某在翻译过程中大幅删减谢某的作品，该做法侵犯了谢某的保护作品完整权。保护作品完整权属于著作人身权，不受期限限制。

给书店销售。下列哪些说法是正确的？（多选）[1]

A. 出版社侵犯了作者的修改权

B. 出版社侵犯了作者的保护作品完整权

C. 出版社侵犯了作者的署名权

D. 书店侵犯了作者的发行权

四、邻接权

邻接权是在著作权保护制度的前提下形成的，是著作权的延伸和重要补充，它与著作权关系十分密切，相辅相成。邻接权保护制度建立和发展的历史，是伴随着人类社会科技发展，特别是作品传播技术的发展而逐步充实、发展起来的。

（一）邻接权的定义

邻接权，又称为“作品传播者权”，是指通过传播媒体将作品内容传播给公众的传播者，对其在传播作品过程中创造的智力劳动成果依法享有的民事权利。赋予传播者邻接权，是因为在作品传播过程中，特定传播者的传播活动中凝聚了智力成果，但是往往由于独创性不足，无法受到狭义著作权的保护。邻接权依其保护对象的不同可以分为狭义的邻接权和广义的邻接权。狭义的邻接权，又称为传统的邻接权，包括表演者权、录制者权、广播组织者权三项。广义的邻接权，包括一切传播作品的媒介所享有的专有权，除了上述三项传统的邻接权以外，还包括出版者权。有的国家将摄影作品、戏剧的布景作品、个人书信及肖像、工程设计作品的专有权利归入邻接权。也有的国家将电影制片者权归入邻接权，还有的国家曾一度把计算机软件作品的保护放在邻接权之中。

根据传播与作品的关系，还有作品的一次传播媒体和二次传播媒体之分，相应地将邻接权划分为一次传播者邻接权和二次传播者邻接权。所谓一次传播者，就是直接传播作品者，如把作品复制于载体上（出版者）、通过多种方式直接演示作品的内容（表演者、朗诵者）。所谓二次传播者，就是在传播的基础上衍生的对作品传播者，如把已经固定的物质载体作品加以传播（广播组织），对于作品演示加以记录、固定于物质载体（录制者）再加以传播。

---

[1] 答案：A、B、C。本案中，出版社未经作者同意，擅自将小说的内容（狗熊写成三条腿的动物）进行修改（将狗熊写成四条腿的动物），侵犯了作者的修改权。出版社未经作者同意，通过修改歪曲了作者的原意，侵犯了作者的保护作品完整权。作者有权决定在自己作品上署笔名，出版社未经作者同意，擅自将作者的笔名改为真名的，侵犯了作者的署名权。发行权，是以出售或者赠与方式向公众提供作品的原件或者复制件的权利。作者崔雪应出版社约稿出书就是为了销售，因此，书店从出版社批发《森林之歌》销售的行为并未侵犯作者的发行权。（国家司法考试 2015 年卷三第 62 题）

（二）邻接权的内容

1. 表演者权。狭义的表演是指以形象、表情、姿态、动作、语言等方式表现文学艺术作品的行为。广义的表演是指以形象、表情、姿态、动作、语言等方式表现思想、情节、技艺等的行为。从事或组织表演的自然人和法人称为表演者。

按照狭义表演行为的理解，表演者包括电影、电视、戏曲、音乐、舞蹈、话剧、哑剧、木偶剧、皮影剧、曲艺等演员，播音员、演讲者等。按照广义表演行为的理解，表演者除了包括上述人员以外，还包括杂技、马戏演员、体育比赛和体育表演的运动员等非作品的表演者。我国《著作权法实施条例》第5条将表演者界定为：演员、演出单位或者其他表演文学、艺术作品的人。因此，非作品的表演者在我国无法享有表演者权。

所谓表演者权，是指表演者依法对其表演（即表演者的形象、动作、语言、表情、姿态等组合）所享有的权利。表演者权的主体是表演者，客体是表演活动本身，即表演者根据自己对作品的理解，以自己的声音、动作、表情或借助道具表现作品的行为。表演者对同一作品的每一次表演均分别享有表演者权。与著作权类似，表演者权的内容包括人身权利和财产权利两部分。

其中人身权利有：（1）表明表演者身份权，类似于著作权中的署名权，该权利使观众了解表演者的真实身份，不至于张冠李戴。例如在影片开头或结尾的字幕上显示主演或演员的名字。（2）保护表演形象不受歪曲权，类似于著作权中的保护作品完整权。例如某综艺节目为博取收视效果，在节目录制中安排嘉宾模仿某影视剧演员经典片段，但模仿过程中通过化妆道具、台词设计等呈现出低俗效果，则构成对原剧作表演者权的侵犯。表演者人身权利的保护期不受限制，为永久保护。

其中财产权利有：（1）许可或禁止他人从现场直播和公开传送其现场表演的权利；（2）许可或禁止他人录音录像的权利；（3）许可或禁止他人复制、发行录有其表演的录音录像制品的权利；（4）许可或禁止他人通过信息网络向公众传播其表演的权利。表演者财产权利的保护期为50年，截止于该表演发生后第50年的12月31日。

2. 录制者权。录制者权是指录制者对其录制品依法所享有的权利。录制是指以电、磁、光等技术将景象、声音、文学、符号等记录在一定的物质媒体上，并可以再现所记录的景象、声音文学、符号的行为。录制的物质载体目前主要有录音磁带、录像磁带、磁盘、唱片、半导体存储器等。录制品是指首次将有关声音、图像等记录下来，并可再现的固定物。这与我们习惯性的理解不同，录制品是声音、影像的原始物质载体，而我们常见到的，市场所出售的都是其复制品，不是原始载体本身。我国《著作权法实施条例》将录音制品界定为：任何对表演的声音和其他声音的录制品。对录像制品界定为：电影作品和以类似摄制电影的方法创作的作品以外的任何有伴音或者无伴音的连续相关形象、图像的录制品。[1]

录制品不同于录制作品，应将两者加以区别。下面以录像制品和录像作品为例分别加以说明。

录像作品是前面所介绍的“视听作品”中的一种，如同电影作品一样，是一种合作作品，又是一种演绎作品，也可以视为利用摄像、录制方式制作的，具有“双重著作权”的作品，是属于著作权保护的对象。录像作品是作者独创性智力劳动的成果，它可以被固定在不同的物质载体上，如固定在电影胶片上、录像带上或光盘上。

录像制品的实质是一种记录某些信息（主要是声像信息）的物化的载体形式。录像制品所记录和再现的内容，不是电影作品、录像作品等视听作品，而是作品的表演（如文艺表演、演讲、讲课等），或是非作品，如客观存在的事物（如自然风光、人文景观、社会活动等）。录像制品的制作主要是一种复制行为，也可以包括一些创造性智力劳动，如拍摄场景、角度、镜头的选择和变换，后期制作中的效果运用、编辑、配音等。但是这种创作性智力劳动与作品创作是不同的，其创作难度一般不及后者，因此没有把录像制品作为著作权的保护对象，而作为著作权邻接权的保护对象。

录制者是录制者权的主体，是指首次将有关声音、景象等加以固定的人或法人。录制者可以是自然人，也可以是法人或非法人组织。录制者权的客体是录制品。录制者权的主要内容有：（1）有权在其录制品上署名，表明享有该录制品的录制者权；（2）有权复制、出版、再版其录制品，对于涉及到他人作品著作权的，要事先经过著作权人的许可；（3）有权许可或禁止他人复制其录制品；（4）录制者有权许可或禁止他人向公众出租其录制品；（5）录制者有权将其录制者权转让；（6）录制者有权许可或禁止他人将其录制品用于商业目的（如在饭店、舞厅等营利性公共场所使用）；（7）录制者有权对他人复制、出租或出于商业目的利用其录制品收取报酬；（8）录像制作者有权许可电视台播放其录制品。我国录制者权的保护期是 50 年，截止于该作品首次完成后第 50 年的 12 月 31 日。

值得注意的是，录制者录制录制品，取得录制者权，行使录制者权有可能受到多种主体和权利的制约和影响，一是原作品的作者的著作权，二是演绎作品作者的

[1] 参见《著作权法实施条例》第 5 条第 2、3 项。

著作权，三是作品表演者的邻接权。录制者一般要分别事先征得上述权利人的同意，并支付报酬，才可以进行录制。

3. 广播组织权。广播组织权就是广播组织对其自己制作并播放的节目享有的权利。广播是指以无线（电磁波）或有线（电线、电缆、光纤）的方式向公众播送信息和节目信号的行为。

广播组织权的主体是广播组织。广播组织是从事广播行为的机构，目前主要有广播电台、电视台、有线电视台、卫星节目转播台（站）等。广播组织权的客体是广播组织自己制作并播放的节目。需要特别加以说明的是，广播组织“自己编排”的节目，是相对于“转播”其他广播组织或单位、个人编排的节目而言的，主要可以分为三种：一种是自己创作的作品或演绎作品，一种是自己录制的录制品，一种是非作品（主要是现场直播）。前两种可以称为广播组织“自己制作”的节目，对第一种节目而言，广播组织享有作品或演绎作品的著作权，对第二种节目而言广播组织享有录制品的录制者权（邻接权）。这两种节目可以分别受到著作权和邻接权，或者两种邻接权（录制者权和广播组织权）的保护。如果把广播组织权的客体仅仅定义为“自己制作”的节目，则会将上述第三种非作品节目排除在外，缩小了广播组织权客体的范围。

广播组织权的内容主要有：（1）广播组织有权播放自己编排的节目，并在播放中申明该节目是由本广播组织编排；（2）广播组织有权许可或禁止他人复制和发行其自己编排的节目；（3）广播组织有权通过许可他人播放或复制发行其节目获得报酬。我国广播组织权的保护期为五十年，截止于该广播、电视首次播放后第五十年的 12 月 31 日。[1]

与录制者权相类似的是，广播组织权在取得和行使过程中，也有可能涉及原作品和演绎作品作者的著作权、表演者的邻接权、录制者的邻接权等，要尊重上述有关权利人的权利，并且不得损害他们的利益。

4. 出版者权。出版者权是指出版者依法经作者授权所享有的复制作品的权利及对其复制的作品所享有的权利。关于出版行为的界定，通常分广义和狭义两种概念范围。狭义的出版是指将作品编辑之后，以图书、报纸、杂志等形式复制，向公众发行。广义的出版还包括复制录音作品、录像作品、录音制品和录像制品，向公众发行。在出版者权中所涉及的出版主要是指狭义的出版行为，所以行权主体主要是指图书出版社、报社、杂志社。

---

[1] 参见《著作权法》第 47 条第 3 款。

出版者的权利主体是出版者，出版者通常为法人。权利的客体是出版物，即复制发行的作品。权利内容概括起来包括两个方面：一是依合同而形成的，由作者授予或有条件地转让给出版者的部分著作权（如出著作权、改编权、汇编权、发行权等）。二是出版者对其出版物所享有的部分专有权，[1]包括对版心、版式、用字、行距、标点等版面布局因素的安排。[2]

出版者权利中的前一方面内容主要有：（1）出版者有权从作者处取得作品（稿件），并进行必要的编辑、修改（一般对作品内容的修改要经作者同意）；（2）出版者有权复制出版该作品；（3）出版者有权在合同约定的有效期内，根据社会需求重印或再版该作品，但必须通知作者并征询作者的意见，是否同意对其作品进行修改，并且还应支付适当的稿酬；（4）出版者有权在合同约定的期限和地区内，禁止其他出版者出版该作品（即使是经作者同意的出版，也在被禁止之列）；（5）出版者有权在合同约定的期限和地区内，以同种文字修定版、缩编本等方式出版该作品，并禁止其他出版者出版；（6）出版者对其出版物享有版式权（或称版本权、版样权），即指印刷字型和版面安排的专用权；（7）出版者对其出版物的装帧设计，特别是封面、封底的设计享有专有权，符合条件的装帧设计还可以作为美术作品受到著作权保护；（8）出版者享有的版式权和装帧设计权，在出版合同终止或期满以后依然可以存在，其他出版者未经许可不得使用同样的版式和装帧设计出版同一作品；（9）出版者有权在其出版物上署名，表明是该出版物出版者。出版者权的保护期为十年，截止于使用该版式设计的图书、期刊首次出版后第十年的12月31日。[3]

（三）著作权与著作权邻接权的关系

在前面介绍著作权和邻接权的基本知识时，实际上已经涉及两者的关系问题，并作了一些介绍，为了更清楚起见，现将其二者异同的重点归纳如下：

1. 邻接权是对著作权的补充和延伸，要受到著作权的制约和影响，并不得损害著作权人的利益。

2. 从保护水平上看，对著作权的保护要高于对邻接权的保护。

3. 邻接权与著作权在具体权能上存在对应关系。从总体上看邻接权对应于著作权的传播权和复制权。具体来讲，出版者权对应于出版权，表演者权对应于表演权，录制者权对应于录制权（复制权中的一项），广播组织权对应于播放权（即广播权）。

---

[1] 严格地说，前一方面的权利是出版者行使作者的著作权，不属于邻接权，后一方面才是出版者的邻接权。

[2] 参见胡康生主编：《中华人民共和国著作权法释义》，148页，法律出版社，北京，2002年。

[3] 参见《著作权法》第37条第2款。

4. 针对某一具体保护对象而言，存在着著作权和邻接权的多种权能交叉保护现象。正因为邻接权与著作权存在着对应的关系，在某一具体保护对象上存在着交叉保护，在实践中往往容易将两种权利混淆。邻接权与对应的著作权的区别，可以从以下几个方面分析：主体不同，客体不同，内容不同，相互制约关系不同（一般是著作权制约着相对应的邻接权）。容易将邻接权与著作权混淆的另一个重要原因，是没有弄清楚作品、载体和权利这三者的关系。在著作权法领域内，弄明白这三个概念的确切含义及相互间的区别，对于正确理解著作权及著作权法是非常关键的。如前面所介绍的，作品是人的思想、意愿、情感的表达，是著作权的客体。作品一般是有形的，它的“形”一般须附在某一载体上（即使是口头作品，也可以认为声音是其载体，因为从物理学角度看，声音是一种物质）。作品只有附在某一载体上，才能被人们所感知，才有可能“商品化”。载体是一种物质媒体，是作品借以寄托、附着的物质表现形式，但是载体不等于是作品，两者是有区别的。著作权是基于作品而产生的一种权利，其自身是无形的，它可以被认为是一种无形资产，并可以作为一种无形商品转让、出售。附着在载体上的作品是可以作为有形商品出售的。著作权及其邻接权都是属于知识产权，具有一般知识产权的基本特性。

实训三

【素材】王某创作了一本小说《官场》，在悦读书网络平台连载，深受读者喜爱。某影视公司购买小说版权后，想要将该小说拍摄成电视剧《奋斗为民》。影视公司作为制作人邀请到著名编剧何某对小说进行改编，著名导演张某、著名演员胡某、程某等人共同创作完成该剧，并且还委托了金某创作了电视剧插曲《心路历程》。某文艺演出中，知名钢琴家杜某经授权演奏了金某的该插曲作品。《奋斗为民》电视剧在太阳卫视、开心网播出后有一定的影响。[1]

【思考题】1. 著作权与邻接权相区别的依据是什么？素材中哪些主体享有著作权，哪些主体享有邻接权？

2. 表演者权和表演权的区别是什么？素材中哪些主体享有表演权，哪些主体享有表演者权？

---

[1] 该素材中涉及多个创作主体，理清各主体与各个作品之间的归属关系，才能在法律适用上更好地处理问题。素材中，王某对其小说《官场》享有著作权，而影视公司作为制作者，对电视剧《奋斗为民》享有著作权，而其中的演员、导演、编剧、作曲人都享有署名权。如果金某的插曲《心路历程》未与影视画面共同使用，而是单独使用时，金某应作为著作权人，使用人应取得金某的许可并支付报酬。其中悦读书、太阳卫视、开心网、杜某为作品的传播有贡献，应享有邻接权。表演权属于著作权的财产权内容，作为著作权的作者当然享有，而表演者权是邻接权的内容，该素材中，杜某对插曲进行表演的行为可以享有表演者权。

项目二　著作权实务

【情景导入】

著作权法是一门实践性较强的法律学科。在文化、艺术、科学的各个细分领域内，存在着频繁的著作权许可、转让交易，每年还有因著作权侵权或合同纠纷产生的大量诉讼案件。因此，对著作权法的学习，不应仅仅停留在理论研究上，更重要的是需要了解在实务领域，著作权的行使和保护是如何运作的。

思考：当人们创作完成后，如何才能获得著作权？

一、著作权的取得与登记

著作权如何取得？是否需要像商标、专利一样获得行政确权呢？如果答案是否定的，那么我们在创作完成后，怎样做能更好地保护我们的作品权利呢？这里我们需要掌握和学习著作权的取得制度和登记制度。

（一）著作权的取得

1. 自动保护原则。

著作权自作品创作完成之日起产生，采用“自动保护原则”。著作权保护不以发表为条件，无需审批和登记。我国实行著作权自愿登记制度，未登记的作品也受到著作权法保护。作品的创作是事实行为，[1]故作品获得著作权保护并不受民事行为能力的限制。例如，6 岁小学生创作的以《西游记》为主题的蜡笔画，具有独创性的，依然受到著作权法保护。

这里所说的“自动”，并非一概适用所有作者。按照我国《著作权法》第 2 条的规定，作者是中国公民、合法组织的，当然得自动享有著作权；作者是外国人、无国籍人，但作品在中国境内首先出版的，也自动享有著作权；除了上述两种情况之外，则需要依据我国签订的国际条约、公约而决定是否自动承认其著作权。

2. 自愿登记原则。

承认自动获得著作权，并不等于著作权能够得到充分保护。比如甲以笔名（ID）在某网站上发表了一部小说，乙将其剽窃、改头换面发表，甲如果想要起诉

[1] 事实行为又称非表意行为，是指行为人不具有设立、变更、终止民事法律关系的意图，但是依据法律规定能够引起既定民事法律后果的行为。事实行为无需意思表示，法律后果由法律直接规定。

乙，就首先必须证明自己拥有著作权，即证明那个ID就是自己所有。在许多非实名登记的网站，甲的取证具有较大的难度。即便是实名登记网站，如果ID的密码曾经被人盗用，或者该网站在案发之前就已经关闭，甲仍然难以取得证据。

因此，我国著作权法也规定，允许作者自愿进行著作权登记。这种登记并非是额外赋予其权利（因为作品完成时，著作权已经自动产生），而更像是一种证据保全，也即是说，作为第三方，可以认证在某个时候，某个作品已经由某人完成。一旦将来发生纠纷，则这种登记就可以作为证据，证明著作权人。

（二）著作权的登记

著作权登记的法律依据目前有《作品自愿登记试行办法》和《计算机软件著作权登记办法》，主管机构是中国著作权保护中心（CPCC）。中国著作权保护中心著作权登记部负责办理作品著作权登记工作。

著作权登记证书作为权利证明，具有公示作用，可以维护交易安全。著作权登记证书通常可作为著作权人启动反盗版维权行动的基础。除非有其他足以推翻著作权登记证书内容的更强相反证据，否则司法、行政或其他机关可采信著作权登记证书上的记载事项。著作权登记证书通常是权利人申请对著作权价值进行评估时，作为向评估机构提交的重要的证明文件。

登记类别包括软件登记、著作权登记和DCI登记。其中DCI（Digital Copyright Identifier）体系是中国著作权保护中心在多年著作权公共服务经验积累的基础上，通过深入研究国内外互联网著作权保护的法律、技术和模式，自主创新提出的互联网著作权公共服务体系。

一般作品登记流程如图2-1所示。申请作品著作权登记需要提交的材料如下：

（1）《作品著作权登记申请表》；

（2）申请人身份证明文件复印件：

（3）权利归属证明文件；

（4）作品的样本（可以提交纸介质或者电子介质作品样本）；

（5）作品说明书（请从创作目的、创作过程、作品独创性三方面写，并附申请人签章，标明签章日期）；

（6）委托他人代为申请时，代理人应提交申请人的授权书（代理委托书）及代理人身份证明文件复印件。

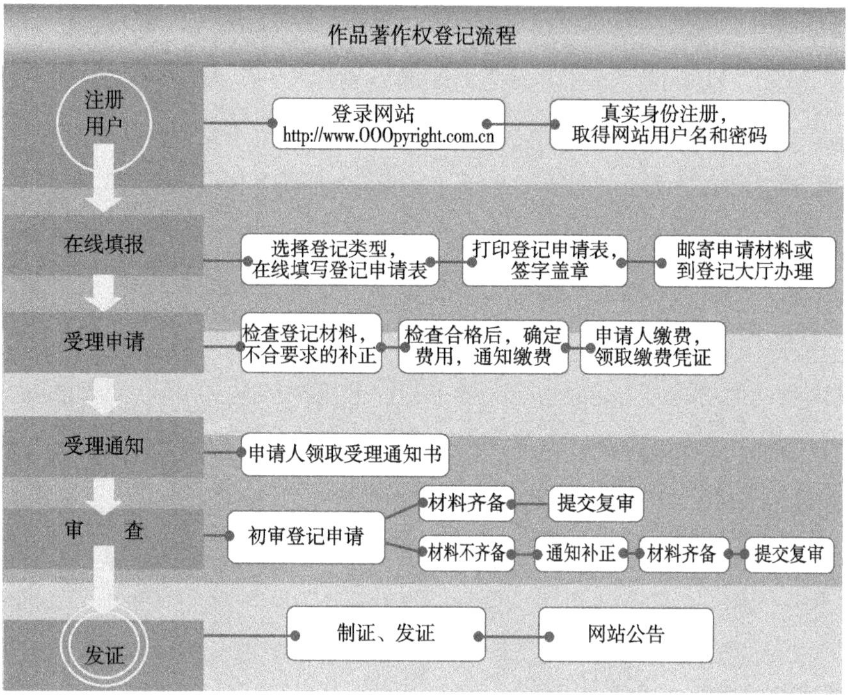

图 2-1　作品著作权登记流程[1]

实训四

【素材】作品登记机关是国家版权局和各省、自治区、直辖市版权局；办理机构是部分作品登记机关为方便著作权人，提高公共服务效率，委托办理作品登记业务的机构。著作权人可以按照《作品自愿登记试行办法》和各办理机构受理作品登记申请的要求，直接到办理机构（无办理机构的可到登记机关）申请作品登记。各作品登记机关出具的作品登记证书均为国家版权局统一监制，加盖由各登记机关单位名称和作品自愿登记专用章字样组成的印章，具有同等效力。

【任务】登录中华人民共和国国家版权局官网，了解作品登记流程。

二、著作权的保护期限

著作权的保护期限包括人身权的保护期限和财产权的保护期限。

（一）人身权不设保护期限

依照我国《著作权法》的规定，著作权中的署名权是没有任何时间限制的。无论作者是否健在，任何人都不得改变作品的署名。这一规定是为了尊重作者的荣

[1] 图片信息来源于中国版权保护中心：https://www.copyright.com.cn/index.php?optionid=1059.

誉，包括其子孙后代的感情。

从理论上说，作品的修改权、保护作品完整权，也是没有时间限制的。然而，在现实之中，这一条往往会被忽略。比如，《西游记》的作者吴承恩、《三国演义》的作者罗贯中，都早已去世，如果非要征得原作者的同意，又去哪儿找他们签字？今天，利用这两部作品而衍生出来的作品，可以说是难以计数，其中绝大部分都不同程度地修改了作品，实际上也并没有考虑过著作权法的这一项规定。

（二）财产权的保护期限

为了促进知识传播，各国法律都对著作权中的财产性权利，规定了有效期限。

我国《著作权法》中，对于上文提到的复制、发行、摄制、改编、翻译等权，有效期限基本都规定为50年。作者是自然人的，以其死后次年的1月1日起算，一直到第50年的12月31日终止；作者是法人的，自作品首次发行之日后第50年的12月31日终止。

当上述权利终止后，这些作品的著作权就进入公有领域。谁都可以拿这些作品复制、出版、发行，并且不用支付任何费用。这些作品被称为“公版图书”或“公版影像”。

邻接权的保护期限，在前章节已进行过介绍，在此不再赘述。

三、著作权集体管理制度

著作权集体管理是基于著作权的行使、交易和许可便利而形成的一种权利行使机制，其目的正是为了解决著作权交易信息不对称的问题，保护作者权利，促进作品传播。著作权第四次修订后，明确著作权集体管理组织的属性为非营利法人，并规范管理信息公开。

（一）著作权集体管理制度概述

随着信息复制和传播技术的高速发展，作品的使用者往往可以通过多种渠道获取作品并加以使用，而著作权人则不可能知悉自己作品每一次被使用的情况，并与每一位使用者签署许可使用合同。为了保护著作权被合法利用，作者能够及时便捷地获得使用费用，降低维权成本，建立著作权集体管理制度就具有其天然的必要性。

著作权集体管理组织是指为权利人的利益依法设立，根据权利人授权、对权利人的著作权或者与著作权有关的权利进行集体管理的社会团体。[1]经权利人授权，

[1] 参见《著作权集体管理条例》第3条第1款。

著作权集体管理组织可以集中行使权利人的有关权利并以自己的名义进行著作权许可、收费、使用费分配及参与诉讼、仲裁等活动。通常，著作权集体管理组织的有效运行首先需要著作权人授权，然后才能以自己的名义管理作品，当大量的权利人加入集体管理组织之后，集体组织才有可能向使用者统一发放使用作品的许可。目前国内的著作权集体管理组织有中国音乐著作权协会、中国音像著作权集体管理协会、中国文字著作权协会、中国摄影著作权协会、中国电影著作权协会。其中中国音乐著作权协会于 1992 年成立，是我国第一家著作权集体管理组织。上述组织在不同的领域内分别行使各自的职责，管理范围没有交叉，具有一定的垄断特征，但是这种垄断可以保证作品集体管理的权威、高效和便捷。目前世界上只有美国等少数几个国家和地区允许同一业务领域内存在不同的集体管理组织，意图通过竞争方式实现著作权人利益的最大化。

在我国，著作权管理机构是代表著作权人行使权利的社会团体组织，具有非官方性。同时，我国《著作权法》第 8 条还规定："著作权管理机构是非营利法人，被授权后可以以自己的名义为著作权人和与著作权有关的权利人主张权利。"著作权集体管理组织可根据授权情况向使用者收取一定的使用费。并且著作权集体管理组织应当将使用费的收取和转付、管理费提取和使用、使用费的未分配部分等情况定期向社会公布，建立权利信息查询系统。

（二）著作权集体管理的主要领域

我国《著作权集体管理条例》第 4 条规定："著作权法规定的表演权、放映权、广播权、出租权、信息网络传播权、复制权等权利人自己难以有效行使的权利，可以由著作权集体管理组织进行集体管理。"根据集体管理涉及的作品和权利类型，可分为以下几个主要领域：（1）对音乐作品表演权和广播权的集体管理。（2）对音乐作品机械表演权的集体管理；（3）对文字和艺术作品复制权的管理；（4）对文字、音乐、影视作品等信息网络传播权的集体管理。

（三）集体管理组织的设立与运行

1. 设立。《著作权集体管理条例》第 7 条规定：依法享有著作权或者与著作权有关的权利的中国公民、法人或者其他组织，可以发起设立著作权集体管理组织。设立著作权集体管理组织，应当具备下列条件：（1）发起设立著作权集体管理组织的权利人不少于 50 人；（2）不与已经依法登记的著作权集体管理组织的业务范围交叉、重合；（3）能在全国范围代表相关权利人的利益；（4）有著作权集体管理组织的章程草案、使用费收取标准草案和向权利人转付使用费的办法（以下简称使用费转付办法）草案。

2. 运行。著作权集体管理组织在获得权利人授权的前提下可以与使用人订立许可使用合同并收取使用费。从收费方式来看，主要有两种基本模式：第一种是“一揽子收费许可”，适用于对作品需求量较大的使用者。例如电视台、广播电台，许可合同通常约定长期的使用周期，在限定地域范围内对作品许可播放；第二种是单向许可，即每一次特定使用之前，均向著作权集体管理组织申请许可。例如演唱会、电影节等。著作权集体管理组织会参考活动情况与申请人协商确定使用费金额。我国著作权集体管理的收费是在政府颁布基本标准的情况下，由集体管理组织与使用者协商确定。为防止集体管理组织损害权利人利益，使用者以合理条件要求与集体管理组织订立许可使用合同的，集体管理组织不得拒绝。

著作权集体管理组织在扣除必要的管理费后，应当将剩余的部分全额分配给著作权人。如果许可合同能够明确使用费来源于对哪些作品的使用，可以直接将许可费分配给权利人。如果无法明确使用费来源于对哪些作品的使用，由集体管理组织根据一些统计依据进行估算，以估算结果作为分配依据。为监督和保障权利人收益，《著作权集体管理条例》规定，著作权集体管理组织应当编制使用费转付记录。使用费转付记录应当载明使用费总额、管理费数额、权利人姓名或者名称、作品或者录音录像制品等的名称、有关使用情况、向各权利人转付使用费的具体数额等事项，并应当保存10年以上。[1]

此外，著作权集体管理组织为维护委托人权益，还可以作为当事人进行涉及著作权或者与著作权有关的权利的诉讼、仲裁活动。[2]

实训五

【素材1】中国音乐著作权协会（以下简称“音著协”）成立于1992年12月17日，是由国家版权局和中国音乐家协会共同发起成立的目前中国大陆唯一的音乐著作权集体管理组织，是专门维护作曲者、作词者和其他音乐著作权人合法权益的非营利性机构。

【素材2】中国音像著作权集体管理协会是经国家版权局正式批准成立民政部注册登记的我国唯一音像集体管理组织，依法对音像节目的著作权以及与著作权有关的权利实施集体管理。

---

[1] 参见《著作权集体管理条例》第29条第2款。

[2] 参见《著作权法》第8条。

【素材3】中国文字著作权协会（以下简称“文著协”），是依据《中华人民共和国著作权法》和国务院颁布的《著作权集体管理条例》，由中国作家协会、国务院发展研究中心等12家著作权人比较集中的单位等500多位我国各领域著名的著作权人共同发起，于2008年10月24日在北京成立。

【素材4】中国摄影著作权协会是由中国摄影家协会联合全国性摄影团体和著名摄影家发起，经国家版权局同意，报国务院总理办公会批准成立的国家一级社团及非营利性组织。

【素材5】中国电影著作权协会的前身是2005年8月成立的中国电影版权保护协会。经国家广播电影电视总局同意并报新闻出版总署（国家版权局）审核，于2009年7月批准中国电影版权保护协会由行业维权组织转变为著作权集体管理组织。2009年10月，经民政部审批，正式更名为中国电影著作权协会，英文名为：China Film Copyright Association，缩写为：CFCA。

【任务】登录中华人民共和国国家版权局官网，搜索查询著作权集体管理组织的内容，阅览以上协会的主要职能以及业务范围。

四、著作权的行使

著作权的行使具有垄断性质，这一特点有助于权利人获得可观的报酬，并积极维护权利。但是出于对社会公共利益的需要，法律会允许一些使用人无需经过权利人的许可即可使用作品。法律许可的情形通常可以分为两类：合理使用和法定许可。合理使用既无需经过权利人许可，也无需支付报酬；法定许可无需经权利人许可，但需要支付报酬。

（一）著作权的合理使用

“合理使用”，在我国《著作权法》并没有明确的概念界定。但为了实现保护作者与促进知识传播之间的统一，我国《著作权法》和绝大多数国家一样，通过列举的方式规定了哪些情形属于“合理使用”作品的范围。《伯尔尼公约》、TRIPS协定和WCT为“合理使用”原则设定了实质性的判断标准，即“三步校验法”。“三步校验法”要求缔约国在运用合理使用原则对著作权行使进行限制时，应当：（1）只能在特殊情况下做出。特殊情况包括基于对公共利益、社会发展需要等情况的考量。例如个人使用、学校教学、时事新闻报道；（2）与作品正常利用不相冲突。如无必要，应当倾向于保护作品正常的利用价值，不得与作品正常使用形成市场竞争；（3）没有不合理地损害权利人合法利益。任何限制和例外均会对权利人利益造成减损，但是在制定规则时应当考虑尽量减少损害的程度。我国《著作权法实施条例》第21条规定："依照著作权法有关规定，使用可以不经著作权人许可的已经发表的作品的，不得影响该作品的正常使用，也不得不合理地损害著作权人的合法利益。"该规定即为"三步校验法"在我国立法上的体现。

值得注意的是，我国《著作权法》中规定的合理使用情形，均是建立在作品已经发表的前提下，且必须同时指明作者姓名、作品名称，并且不得侵犯著作权人依照法律享有的其他权利。实质上，合理使用的各项规定，都是对于那些个人的、不带有商业利用性质的行为"网开一面"。也就是说，这种合理使用，不得带有营利的可能，并且规模受到严格控制，以免损害著作权人的合法利益。

（二）合理使用的具体情形

按照我国《著作权法》的规定，下列12种情形[1]，属于著作权的合理使用，可以不经著作权人允许、不向著作权人付费：

1. 个人出于学习、研究、欣赏的目的，使用他人已经发表的作品。例如看到别人的一本新书很喜欢，但又舍不得去买一本，借来自己抄写一遍，并不违反法律的规定。如果使用人将作品用于商业目的，或者大量复制向公众散发，则不构成合理使用。

2. 在自己的作品中，为了说明某个问题，或者为了介绍、评论某个作品，适当地引用他人已经发表的作品。这种做法又被称为"合理引用"。比如，在绝大多数科研论文中，都会简要介绍该课题上前人已经有的研究成果，这就属于一种引用。而在影评、书评和新书推荐中，往往也会引用书中的一些精彩片段、情节，这也属于一种引用。"合理"的标准应当视介绍、评论或说明的需要而定，并没有绝对的比例标准。如果作品较短，为了达到介绍、评论或说明的目的和效果，也可以全文引用。但是如果在原作上存在注释、引申等独创性表达，则构成演绎作品，需要获得原作著作权人许可。

3. 为报道时事新闻，在报纸、杂志、广播电台、电视等媒体中，不可避免地再现或者引用已经发表的作品。这是因为新闻具有很强的时效性，很多事情发生的那一瞬间被某人拍了下来，此后便再也没有机会拍摄同样的画面了。比如"9·11恐怖袭击"时，某记者拍下了世贸中心的"双子楼"轰然倒塌的画面，就是其他人无论如何也不可能重新拍到的。因此，当这条新闻播出后，其他媒体想要再提到"9·11事件"，就不可避免地使用到这一个画面。当然，这种合理使用，依然必须

[1] 参见《著作权法》第24条。

标明画面、照片的作者姓名，以及最先报道的媒体名称。

4. 报纸、杂志、广播电台、电视等媒体，播放或刊登其他报纸、杂志、广播电台、电视等媒体已经发表的关于政治、社会、经济等问题的时事性文章。这一规定是为确保相关信息迅速向社会公众传播，以便公众及时了解媒体观点。

5. 播放或刊登公众集会上的讲话。但是，作者已经声明不许刊登、播放的除外。比如，马丁·路德·金的《我有一个梦想》的演讲，就被许许多多的媒体所转载、刊登，成为全人类共同的精神财富。

6. 为学校的课堂教学、科学研究，翻译或少量地复制他人已经公开发表的作品，供教学或科研人员使用，但不得出版发行。如果学校通过大量复制的方式向学生发放教材用以替代正版，则将实质性侵害著作权人的合法利益，不属于“合理使用”的范畴。

7. 国家机关，为执行公务，在合理的范围内使用已经发表的作品。这基本上指行政机关、司法机关和立法机关，在执行法定任务时，并非为了商业目的，只是为了满足法定需求而使用他人的作品。

8. 图书馆、档案馆、纪念馆、博物馆、美术馆等为陈列或保存版本的需要，复制本馆收藏的作品。很多珍贵的文献资料、文物，一方面，需要在黑暗、湿度固定、低温低氧的条件下保存，才能让其“寿命”延长；另一方面，又必须在明亮的灯光下供游人参观。解决这个矛盾的办法，就是博物馆、档案馆将原物做一个非常精密的仿制品，然后将仿制品进行展览，将原件放在特殊条件下保存。当然，如果确实这么做了，则展品界面的说明牌上，必须明确标明“复制品”，以免误导观众。此外，随着数字化保存作品的手段被广泛使用，我国立法对其作出了必要的限定：需要以数字化形式复制的作品，应当是已经损毁或者濒临损毁、丢失或者失窃，或者其存储格式已经过时，并且在市场上无法购买或者只能以明显高于标定的价格购买的作品。[1]

9. 免费表演已经发表的作品，该表演未向公众收取费用，也未向表演者支付报酬。这就是我们常说的“公益演出”。在开放性的营利性场所进行不收费表演不属于免费表演的范畴，这类表演通常为招揽客户的一种营销手段，未经作者许可表演作品的，属于侵犯著作权的行为。

10. 对设置或陈列在室外公共场所的艺术作品进行临摹、绘画、摄影、录像。公共场所设置或陈列的作品，在向公众传播展示过程中实现价值，对其进行临摹、

[1] 参见《信息网络传播权保护条例》第7条第2款。

绘画、摄影等，无损于艺术作品作者的著作权利益，还有可能起到宣传效果，所以法律并不禁止这种行为。需要注意的是，临摹、绘画、摄影、录像得到的影像资料，禁止有偿出售或以其他方式向公众传播，以免损害原著作权人的财产性利益。

11. 将中国公民、法人或其他组织已经发表的、以汉语和汉字创作的作品，翻译成少数民族语言文字的作品，并在国内出版发行的。这一条的规定，主要是为了增加少数民族获得信息的途径和机会，促进少数民族地区文化、经济发展。需要注意的是，这里合理使用的范围仅限于中国公民、法人或其他组织的作品，外国人的著作权应当遵循规定，给予不低于条约限度的保护，即正常支付使用费用。

12. 以阅读障碍者能够感知的无障碍方式向其提供已发表作品。这一条的规定是为了支持、鼓励残疾人士自强不息地学习、生活。例如，盲文的读者群体非常受限，所以盲文作品也不会损害原作品的市场销售，应当准许。这里合理使用的范围不再局限于中国公民、法人或其他组织的作品，外国人的作品亦在其范围之内。

（三）著作权的许可使用

与著作权的继受取得不同，著作权的许可使用，是指被许可人可以根据约定或法律规定，在特定的时间范围和地域范围，对作品的部分权利以特定的方式加以利用。在许可使用的情况下，不发生著作权的权利转移，许可人仍然享有被许可使用的权利，但是许可人行使权利可能受限。著作权的许可使用分为普通许可、法定许可和强制许可。

1. 著作权的普通许可，是指许可人可以在法律规定的范围内，通过约定的方式许可被许可人合理利用著作权。在普通许可范围内，著作权的许可合同又可以分为专有许可合同和非专有许可合同。专有许可合同的被许可人，在合同没有约定或者约定不明的，视为被许可人有权排除包括著作权人在内的任何人以同样的方式使用作品；除合同另有约定外，被许可人许可第三人行使同一权利，必须取得著作权人的许可。由此可见，专有许可合同的被许可人在利用著作权时，与著作权人无异。非专有许可合同则不能排除他人以相同方式使用作品。

2. 著作权的法定许可，是指基于国内政策、社会公共利益等考虑，无需经过著作权人许可，在法律准许的范围内使用某些著作权的行为，但需要向著作权人支付报酬。所谓著作权的法定许可使用，是指特定情况下，使用者可以不取得著作权人的同意就使用他人作品，但应当向其支付合理的报酬。我国著作权法一共规定了五种法定许可和一种“准法定许可”。

（1）报刊转载法定许可。我国《著作权法》第35条第2款规定：“作品刊登后，除著作权人声明不得转载、摘编的外，其他报刊可以转载或者作为文摘、资料刊登，但应当按照规定向著作权人支付报酬。”该条规定的转载法定许可的范围是其他报刊。转载应注明作者，并标注最初登载的报刊出处。关于应当以何种标准支付报酬，2014年颁布的《使用文字作品支付办法》第13条第1款规定：“报刊依照《中华人民共和国著作权法》的相关规定转载、摘编其他报刊已经发表的作品，应当自报刊出版之日起2个月内，按每千字100元的付酬标准向著作权人支付报酬，不足500字的按千字作半计算，超过500字不足千字的按千字计算。”第2款规定：“报刊出版者未按前款规定向著作权人支付报酬的，应当将报酬连同邮资以及转载、摘编作品的有关情况送交中国文字著作权协会代为收转。”

（2）制作录音制品法定许可。我国《著作权法》第42条第2款规定：“录音制作者使用他人已经合法录制为录音制品的音乐作品制作录音制品，可以不经著作权人许可，但应当按照规定支付报酬；著作权人声明不许使用的不得使用。”该条规定的转载法定许可的范围是音乐作品的词、曲。在法定许可范围内制作录音制品的，应当在使用之日起2个月内向中国音乐著作权协会支付报酬，由该协会转交给会员。

（3）播放作品的法定许可和播放录音制品中作品的法定许可。我国《著作权法》第46条规定：“广播电台、电视台播放他人已发表的作品，可以不经著作权人许可，但应当按照规定支付报酬。”但是广播电台、电视台对于未经其许可将其播放的广播、电视节目以有线或无线方式转播、通过信息网络向公众传播等行为有权禁止。另外，该条规定的法定许可的实施主体仅限于广播电台、电视台。许可的范围不包括电影作品和以类似摄制电影的方法创作的作品。

（4）编写出版教科书的法定许可。我国《著作权法》第25条规定：“为实施九年制义务教育和国家教育规划而编写出版教科书，除作者事先声明不许使用的外，可以不经著作权人许可，在教科书中汇编已经发表的作品片段或者短小的文字作品、音乐作品或者单幅的美术作品、摄影作品，但应当按照规定支付报酬，指明作者姓名、作品名称，并且不得侵犯著作权人依照本法享有的其他权利。”“前款规定适用于对与著作权有关的权利的限制。”即可理解为对出版者、表演者、录音录像制作者、广播电台、电视台的权利的限制。这一法定许可的目的是促进九年义务教育和国家教育规划的实施。但是，如果原作者在作品上明确声明不得使用的，则不适用于本条的规定。这也是很多教科书、教辅材料，都会在著作权页面特意注明“未经许可，严禁将本书的部分或全部章节用于其他出版物”的一个重要原因。中国文字著作权协会负责编写教科书的法定许可费的收取和转付。

（5）制作和提供课件的法定许可。《信息网络传播权保护条例》第8条规定，为通过信息网络实施九年义务教育或国家教育规划，可以不经著作权人许可，使用其已经发表作品的片段或者短小的文字作品、音乐作品或者单幅美术作品、摄影作品制作课件，由制作课件或者依法取得课件的远程教育机构通过信息网络向注册学生提供，但应当向著作权人支付报酬。

（6）通过网络向农村提供特定作品的准法定许可。《信息网络传播权保护条例》第9条第1款规定："为扶助贫困，通过信息网络向农村地区的公众免费提供中国公民、法人或者其他组织已经发表的种植养殖、防病治病、防灾减灾等与扶助贫困有关的作品和适应基本文化需求的作品，网络服务提供者应当在提供前公告拟提供的作品及其作者、拟支付报酬的标准。自公告之日起30日内，著作权人不同意提供的，网络服务提供者不得提供其作品；自公告之日起满30日，著作权人没有异议的，网络服务提供者可以提供其作品，并按照公告的标准向著作权人支付报酬。网络服务提供者提供著作权人的作品后，著作权人不同意提供的，网络服务提供者应当立即删除著作权人的作品，并按照公告的标准向著作权人支付提供作品期间的报酬。"我国自古就是是农业大国，但农村地区信息闭塞，获得与农业相关的信息技术途径匮乏，在互联网逐步普及的时代背景下，为扶贫助困允许通过互联网向农村地区传播有关农业技术方面的信息，符合国家的政策导向。不过，该规定被视为一种准法定许可，即虽然通过规章制度赋予行为人实施传播著作权的行为，但与其他类型法定许可可直接实施行为不同的是，需要前置公告程序确保著作权人知悉，如果著作权人不同意的，则网络服务提供者须要立即删除传播中的作品。

3. 著作权的强制许可，是指在特定条件下，由主管机关根据本国情况，可以根据申请对已发表的作品，进行强制授权使用。我国著作权法中并没有关于强制许可制度的明确规定，但在加入《伯尔尼公约》时声明享有该项权利。

（四）可以避开技术措施使用的情形

著作权法修订后，增加了关于著作技术措施保护的相关条款。权利人为了保护著作权，限制未经权利人许可而使用作品的行为，可以采取技术措施。行为人不得故意避开或破坏该技术措施，或者提供技术服务帮助故意避开或破坏该技术措施。但同时，法律对权利人的技术措施行为也做出了限制。在以下情况，行为人可以避开技术措施。

（1）为学习课堂或教研使用少量已发表作品；

（2）不以营利为目的，为阅读障碍者提供已发表作品；

（3）国家机关依法执行公务；

（4）对计算机及其系统进行网络安全测试；

（5）进行加密研究或计算机软件反向工程研究。

实训六

【素材1】王某、曹某创作了巨幅水墨画《山水写意》，王某想以30万元的价格许可给某画廊做原件展览，曹某则对该做法表示反对。

【思考题】素材中《山水写意》属于哪种类型的作品？王某与曹某在作品使用问题上不能达成一致，对此该如何解决？[1]

【思考题】著作权许可使用的特点？[2]

五、著作权侵权的法律责任及救济

著作权侵权的法律责任包括民事法律责任、行政法律责任以及刑事法律责任。另外，三种法律责任在救济方式上也有所不同。

（一）著作权侵权行为的分类

以是否直接侵犯专有权利为标准，著作权侵权分为直接侵权和间接侵权两类。这两类侵权行为在构成要件、行为模式和责任承担方式方面均有所不同。

1. 直接侵权。直接侵权是指未经权利人许可，直接侵犯受著作权法保护的专有权利，且不存在合理使用或法定许可的行为。例如，某书商盗版发行已经发表的小说，系侵犯作者复制权和发行权的行为，属于直接侵权。与传统民法中侵权行为构成要件不同的是，著作权直接侵权不以存在主观过错为必要条件，主观过错程度仅是影响责任承担方式和轻重的考虑因素。也就是说，如果侵权人不知道或没有理由知道其行为已经侵犯专有权利，其仍然要承担停止侵害、返还利润等责任，但无需赔偿损失；如果对侵权行为具有过错，则侵权人应当承担停止侵害、返还利润、赔偿损失等民事责任。

[1] 《著作权法实施条例》第9条规定：“合作作品不可以分割使用的，其著作权由各合作作者共同享有，通过协商一致行使；不能协商一致，又无正当理由的，任何一方不得阻止他方行使除转让以外的其它权利。但是所得收益应当合理分配给所有合作作者。”所以素材中除非曹某有正当理由可以阻止王某的正常使用，否则王某有权许可他人使用。

[2] 被许可人获得的仅仅是在一定的期间和约定的范围内以一定的方式对作品的使用权，著作权仍然属于著作权人。被许可人对作品的使用不能超出合同的约定范围。被许可人对第三人侵犯自己权益的行为，有权根据著作权使用合同，以自己的名义向侵权行为人提起诉讼。著作权许可使用合同保障演绎作品中的原始著作权人的权利。

2. 间接侵权。间接侵权是指行为人虽然没有直接侵犯权利人的专有权利，但是与直接侵权行为之间存在帮助、教唆等行为。例如为准备侵权的公司提供网络爬虫技术，便于该公司抓取目标网页作品信息的行为。虽然提供网络爬虫技术的人并未直接实施复制、传播他人作品的行为，但其从主观上知悉所提供的技术将被用于侵犯著作权，客观上为侵权行为提供了必要的帮助，因此将承担间接侵权责任。间接侵权以行为人存在主观过错为构成要件，主观上没有过错的，亦不能形成帮助、教唆等行为。我国《著作权法》中没有对间接侵权行为进行规定，但间接侵权责任可适用我国《民法典》第 1169 条规定：“教唆、帮助他人实施侵权行为的，应当与行为人承担连带责任。”

需要特别注意的是在互联网空间中著作权侵权的界定。目前网络传播是著作权侵权的重要途径。网络用户在复制、改编作品后，通过互联网向外传播，网络服务提供者提供了传播途径，具有“帮助”侵权的效果。但是对于海量的网络信息而言，要求网络服务提供者逐一审查传播信息是否存在侵权是不具有客观可行性的，网络服务提供者在这种类似“帮助”的行为中，并不具有过错，因此不构成间接侵权行为。不过如果网络服务提供者在知道或者有理由知道传播信息中含有著作权侵权内容的，其应当采取必要的措施，以便使权利人的权益得到保障。目前，在网络服务提供者为保障著作权应当负担的义务方面，已经形成了比较一致的规则：第一，网络服务提供者没有监控网络活动的义务；第二，网络服务提供者在知悉或有理由知悉侵权行为的，如果采取必要措施及时制止侵权行为，则不承担责任；第三，网络服务提供者如果没有及时采取必要措施制止侵权行为，应对损害后果的扩大承担间接侵权责任。其中第二项规则，也被称为“通知和移除规则”。在实践中，如果相关权利人发现网络环境中存在侵犯其权利的行为，在通知相关网络服务提供商后，相关网络服务提供商及时移除侵权内容或断开链接，则无须承担责任。

（二）著作权侵权纠纷中的程序性制度

1. 侵权救济的临时措施。我国《民事诉讼法》中关于诉前财产保全和诉前证据保全的制度规定，在著作权侵权纠纷中可以适用。此外，为阻止著作权侵权行为的持续，我国从 TRIPS 协定中引入了诉前责令停止侵权制度。

（1）诉前责令停止侵权。我国《著作权法》第 56 条规定：“著作权人或者与著作权有关的权利人有证据证明他人正在实施或者即将实施侵犯其权利的行为，如不及时制止将会使其合法权益受到难以弥补的损害的，可以在起诉前向人民法院申请采取责令停止有关行为和财产保全的措施。”申请诉前责令停止侵权的，法院可以要求申请人提供担保。经审查后符合法定条件的，法院应当在 48 小时内做出书面裁定。采取责令停止侵权措施后，申请人应当在 15 日内提起诉讼，否则临时措施将被解除。

（2）诉前财产保全与诉前责令停止侵权的规定基本一致，故不再赘述。

（3）诉前证据保全。我国《著作权法》第 57 条规定："为制止侵权行为，在证据可能灭失或者以后难以取得的情况下，著作权人或者与著作权有关的权利人可以在起诉前向人民法院申请保全证据。"人民法院接受申请后，必须在 48 小时内作出裁定；裁定采取保全措施的，应当立即开始执行。人民法院可以责令申请人提供担保，申请人不提供担保的，驳回申请。申请人在人民法院采取保全措施后 15 日内不起诉的，人民法院应当解除保全措施。

2. 管辖。根据我国《民事诉讼法》的规定，侵权行为地域管辖的一般原则是由侵权行为地和被告住所地管辖。最高人民法院关于适用《中华人民共和国民事诉讼法》的解释第 24 条规定："民事诉讼法第 28 条规定的侵权行为地，包括侵权行为实施地、侵权结果发生地。"《著作权纠纷司法解释》第 4 条第 1 款规定："因侵犯著作权行为提起的民事诉讼，由著作权法第 46 条、第 47 条所规定侵权行为的实施地、侵权复制品储藏地或者查封扣押地、被告住所地人民法院管辖。"第 2 款规定："前款规定的侵权复制品储藏地，是指大量或者经营性储存、隐匿侵权复制品所在地；查封扣押地，是指海关、版权、工商等行政机关依法查封、扣押侵权复制品所在地。"最高人民法院关于适用《中华人民共和国民事诉讼法》的解释第 24 条规定："信息网络侵权行为实施地包括实施被诉侵权行为的计算机等信息设备所在地，侵权结果发生地包括被侵权人住所地。"

在级别管辖方面，《著作权纠纷司法解释》第 2 条规定："著作权民事纠纷案件，由中级以上人民法院管辖。各高级人民法院根据本辖区的实际情况，可以确定若干基层人民法院管辖第一审著作权民事纠纷案件。"从司法实践情况来看，目前著作权民事纠纷案件，在我国大部分地区由中级以上人民法院管辖，在经济发达地区，部分基层法院根据当地高级人民法院指定，可以管辖著作权民事纠纷案件。

3. 诉讼时效。《著作权纠纷司法解释》第 28 条规定："侵犯著作权的诉讼时效为两年，自著作权人知道或者应当知道侵权行为之日起计算。权利人超过两年起诉的，如果侵权行为在起诉时仍在持续，在该著作权保护期内，人民法院应当判决被告停止侵权行为；侵权损害赔偿数额应当自权利人向人民法院起诉之日起向前推算两年计算。"《民法典》已将普通民事纠纷诉讼时效由两年调整为三年，故著作权纠纷的诉讼时效也应当相应予以调整，与基本法保持一致。

（三）著作权纠纷中的举证责任

在著作权直接侵权纠纷中，权利人需要证明其享有作品中相关权利和侵权事实两个待证事项。被控侵权人是否存在过错，是其是否承担赔偿责任的判断标准，但不影响法院认定侵权行为是否存在。被控侵权人可就原告主体是否适格和是否存在侵权事实进行抗辩，亦可通过举证证明与权利人作品存在相似性仅系巧合或共同借鉴所致。法院根据优势证据原则进行认定。

对于如何判断被控侵权人实施了侵犯著作权的行为，权利人通常无法对复制、演绎等行为的实施进行取证，仅能通过实施后的结果进行推断。为解决这一问题，司法实践中通常采用“接触 + 实质性相似”的判定标准，即权利人通过证明被控侵权人有可能接触过该作品，以及被控侵权作品在表达上与在先作品存在实质性相似即可。

关于被控侵权人是否存在过错的举证责任问题，通常权利人很难证明侵权人的主观过错，故此时举证责任应当分配给被控侵权人。即被告应当举证证明其使用作品行为的合法性，包括提交许可合同或权利受让等相关证据。如果被告无法证明其使用作品行为的权利来源，则将被推定实施侵权行为具有主观过错，应承担损害赔偿责任。

（四）侵犯著作权的法律责任

根据侵犯著作权的程度不同，侵权人可能承担民事责任、行政责任和刑事责任。

1. 民事责任。在民事领域对被侵权人的救济目标分三个层次：一是为防止损害后果进一步扩大，应立即停止侵权行为；二是对权利人所受损失予以补偿；三是防止侵权人今后继续发生侵权行为。围绕这三个目标，法律分别规定了停止侵害，消除影响、赔礼道歉，赔偿损失，没收侵权复制品及工具四种承担责任的方式。

停止侵害是指法院要求侵权人立即停止侵权行为，如立即删除、断开链接等。消除影响、赔礼道歉主要适用于侵害著作人身权的情况。篡改作品、歪曲作品原意，作品署上他人名字等，这些行为通常无法通过财产补偿方式挽回对作者造成的损害，故法院可以判令侵权人通过在特定媒体上发出道歉声明等方式加以更正，以消除影响、恢复作者名誉。赔偿损失是在侵权人存在过错的情况下适用的，如果不存在过错，但是通过侵权行为获得收益的，应当向权利人返还利润。对于损失如何计算，我国《著作权法》第 54 条规定：“侵犯著作权或者与著作权有关的权利的，侵权人应当按照权利人的实际损失给予赔偿；实际损失难以计算的，可以按照侵权人的违法所得给予赔偿。赔偿数额还应当包括权利人为制止侵权行为所支付的合理开支。权利人的实际损失或者侵权人的违法所得不能确定的，可以参照该权利使用费给予赔偿。对故意侵权行为，情节严重的，可按上述方法确定数额的一倍以上五倍以下给予赔偿。”著作权法修订后增加了惩罚性赔偿制度，法定赔偿上限提高到500万元，下限为500元。没收侵权复制品及工具是为了防止再次发生类似的侵权行为。我国《著作权法》第54条第5款规定：“人民法院审理案件，对于侵犯著作权或者与著作权有关的权利的，可以没收违法所得、侵权复制品以及进行违法活动的财物。”

2. 行政责任。侵犯著作权的行为通常是私法领域规制的范畴，不过一旦侵权行为侵害了社会公共利益，则有可能涉及承担行政责任，情节严重的将承担刑事责任。我国《著作权法》第52条规定：“有下列侵权行为的，应当根据情况，承担停止侵害、消除影响、赔礼道歉、赔偿损失等民事责任；同时损害公共利益的，可以由著作权行政管理部门责令停止侵权行为，没收违法所得，没收、销毁侵权复制品，并可处以罚款；情节严重的，著作权行政管理部门还可以没收主要用于制作侵权复制品的材料、工具、设备等；构成犯罪的，依法追究刑事责任：（1）未经著作权人许可，复制、发行、表演、放映、广播、汇编、通过信息网络向公众传播其作品的，本法另有规定的除外；（2）出版他人享有专有出版权的图书的；（3）未经表演者许可，复制、发行录有其表演的录音录像制品，或者通过信息网络向公众传播其表演的，本法另有规定的除外；（4）未经录音录像制作者许可，复制、发行、通过信息网络向公众传播其制作的录音录像制品的，本法另有规定的除外；（5）未经许可，播放或者复制广播、电视的，本法另有规定的除外；（6）未经著作权人或者与著作权有关的权利人许可，故意避开或者破坏权利人为其作品、录音录像制品等采取的保护著作权或者与著作权有关的权利的技术措施的，法律、行政法规另有规定的除外；（7）未经著作权人或者与著作权有关的权利人许可，故意删除或者改变作品、录音录像制品等的权利管理电子信息的，法律、行政法规另有规定的除外；（8）制作、出售假冒他人署名的作品的。”

3. 刑事责任。我国《刑法》分则“破坏社会主义市场经济秩序罪”中分别规定了“侵犯著作权罪”和“销售侵权复制品罪”，是对侵犯著作权行为最严厉的处罚。《刑法》第217条规定：“以营利为目的，有下列侵犯著作权情形之一，违法所得数额较大或者有其他严重情节的，处三年以下有期徒刑或者拘役，并处或者单处罚金；违法所得数额巨大或者有其他特别严重情节的，处三年以上七年以下有期徒刑，并处罚金：（一）未经著作权人许可，复制发行其文字作品、音乐、电影、电视、录像作品、计算机软件及其他作品的；（二）出版他人享有专有出版权的图书的；（三）未经录音录像制作者许可，复制发行其制作的录音录像的；（四）制作、出售假冒他人署名的美术作品的。”[1]第 218 条规定：“以营利为目的，销售明知是本法第 217 条规定的侵权复制品，违法所得数额巨大的，处三年以下有期徒刑或者拘役，并处或者单处罚金。”[2]

实训七

【素材 1】张某改编创作《高原骑兵连》剧本，并根据该剧本筹拍 20 集电视连续剧《高原骑兵连》，该剧摄制完成后张某作为制作者系该剧的著作权人。

某日，张某从山东某音像图书有限公司购得《最后的骑兵》DVD 光盘。张某发现该电视剧内容与其创作的《高原骑兵连》有着很多的雷同之处。其主要人物关系、故事情节及其他方面都基本相同或近似。张某认为，《最后的骑兵》对《高原

[1]《最高人民法院、最高人民检察院关于办理侵犯知识产权刑事案件具体应用法律若干问题的解释》第 5 条规定：以营利为目的，实施刑法第 217 条所列侵犯著作权行为之一，违法所得数额在三万元以上的，属于“违法所得数额较大”；具有下列情形之一的，属于“有其他严重情节”，应当以侵犯著作权罪判处三年以下有期徒刑或者拘役，并处或者单处罚金：（一）非法经营数额在五万元以上的；（二）未经著作权人许可，复制发行其文字作品、音乐、电影、电视、录像作品、计算机软件及其他作品，复制品数量合计在一千张（份）以上的；（三）其他严重情节的情形。

以营利为目的，实施刑法第 217 条所列侵犯著作权行为之一，违法所得数额在十五万元以上的，属于“违法所得数额巨大”；具有下列情形之一的，属于“有其他特别严重情节”，应当以侵犯著作权罪判处三年以上七年以下有期徒刑，并处罚金：（一）非法经营数额在二十五万元以上的；（二）未经著作权人许可，复制发行其文字作品、音乐、电影、电视、录像作品、计算机软件及其他作品，复制品数量合计在五千张（份）以上的；（三）其他特别严重情节的情形。

《最高人民法院、最高人民检察院关于办理侵犯知识产权刑事案件具体应用法律若干问题的解释（二）》第 1 条规定：以营利为目的，未经著作权人许可，复制发行其文字作品、音乐、电影、电视、录像作品、计算机软件及其他作品，复制品数量合计在五百张（份）以上的，属于刑法第 217 条规定的“有其他严重情节”；复制品数量在二千五百张（份）以上的，属于刑法第 217 条规定的“有其他特别严重情节”。

最高人民法院、最高人民检察院、公安部印发《关于办理侵犯知识产权刑事案件适用法律若干问题的意见》的通知第 13 条关于通过信息网络传播侵权作品行为的定罪处罚标准问题：以营利为目的，未经著作权人许可，通过信息网络向公众传播他人文字作品、音乐、电影、电视、美术、摄影、录像作品、录音录像制品、计算机软件及其他作品，具有下列情形之一的，属于刑法第 217 条规定的“其他严重情节”：（一）非法经营数额在五万元以上的；（二）传播他人作品的数量合计在五百件（部）以上的；（三）传播他人作品的实际被点击数达到五万次以上的；（四）以会员制方式传播他人作品，注册会员达到一千人以上的；（五）数额或者数量虽未达到第（一）项至第（四）项规定标准，但分别达到其中两项以上标准一半以上的；（六）其他严重情节的情形。实施前款规定的行为，数额或者数量达到前款第（一）项至第（五）项规定标准五倍以上的，属于刑法第 217 条规定的“其他特别严重情节”。

[2]《最高人民法院、最高人民检察院关于办理侵犯知识产权刑事案件具体应用法律若干问题的解释》第 6 条规定：以营利为目的，实施刑法第 218 条规定的行为，违法所得数额在十万元以上的，属于“违法所得数额巨大”，应当以销售侵权复制品罪判处三年以下有期徒刑或者拘役，并处或者单处罚金。

骑兵连》剧本及电视剧构成侵权。故张某将《最后的骑兵》的制片人及编剧雷某和赵某告上法院，并要求停止侵权赔偿损失。

原告张某诉称：其曾因为拍摄《高原骑兵连》找到雷某，提出合拍反映骑兵生活的电视剧。雷某向张某介绍了改编剧《天苍茫》的情况，建议合拍，但张某未同意。随后，雷某与张某签订了共同拍摄《高原骑兵连》的合作协议，雷某作为名誉制片人参与了该剧的制作。

被告雷某辩称：张某的《高原骑兵连》剧本是根据张某自己的长篇小说《雪域河源》改编而成。而《最后的骑兵》是由雷某根据师某的长篇小说《天苍茫》改编，后由张某参照师某的另一篇小说《骑马挎枪走天涯》重写剧本定稿。雷某在拍摄《高原骑兵连》时并未实际参与拍摄及艺术创作，只负责军事保障，并未看到过原告张某的剧本。所以雷某认为其行为并不构成对《高原骑兵连》影片的侵权。[1]

【思考题】阅读素材 1，回答以下问题：

1. 本案的争议焦点是什么？

2. 本案中雷某与张某曾就拍摄骑兵生活的电视剧有过交涉，并且雷某与张某达成过《高原骑兵连》摄拍制作的合作协议。雷某辩称作为名誉制片人，不参与艺术制作，是否符合著作权侵权判断公式的“接触”条件？

3. 如何判断《高原骑兵连》和《最后的骑兵》是否构成侵权？

【素材 2】赵某与《中国学术期刊（光盘版）》电子杂志社有限公司侵害作品信息网络传播权纠纷案。[2]

中南财经政法大学退休教授赵某长期从事中国经济史研究，老教授 1998 年退休后笔耕不辍，2018 年获评第二届“荆楚社科名家”荣誉称号。后因上百余篇论文被知网擅自收录，于 2021 年 4 月向北京互联网法院起诉状告知网。

诉讼中被告提出答辩认为：

一、涉案文章为原告发表在相关期刊，属于该期刊的具体内容，而该期刊作为汇编作品具有独立和完整的著作权，被告已就期刊在 CNKI 中国期刊全文数据库 /

---

[1] 改编自中国法院网，https://www.chinacourt.org/article/detail/2017/03/id/2574897.shtml；最高人民法院审判委员会讨论通过 2017 年 3 月 6 日发布指导案例 81 号。该案中争议的焦点就在于《最后的骑兵》是否对《高原骑兵连》电视剧构成著作权侵权。判断著作权侵权应遵循“接触 + 实质性相似”的公式。即被告若曾接触过原告作品，其被控侵权成果又与原告作品存在实质性相似的情况下，除非存在合理使用等免责理由，被控侵权作品应构成侵权。所以，本案中原告张某需要举证证明雷某在拍摄《高原骑兵连》时，是否接触过原作品，雷某辩称未参与过艺术制作，但不代表未接触过作品，具体情况需要结合证据加以判别。另外张某还应当对《最后的骑兵》与《高原骑兵连》构成实质性相似的具体表达部分进行举证。

[2] 中国裁判文书网。参见北京互联网法院民事判决书〔2021〕京 0491 民初 14379 号，16359 号，16391 号系列判决书。

中国学术期刊（网络版）上的收录和信息网络传播取得期刊方授权，被告具有合法授权，并未违反法律规定。被告是将涉案作品刊载的期刊其中版式、内容一并上传至数据库，体现形式是期刊的部分内容，与纸质期刊阅读效果相当。因此，被告实际是对期刊汇编作品的使用。

二、中国学术期刊（网络版）属于期刊，拥有国家相关部门批准文件及期刊出版许可证，其实质是中国学术期刊出版总库数据库。被告将涉案作品上传至数据库的形式，是基于期刊的转载行为。被告作为期刊出版单位网络转载已在其他报刊刊登且著作权人未声明不得转载、摘编的涉案文章，符合期刊转载法定许可的法律规定，不构成对原告信息网络传播权的侵害。

【思考题】回答以下问题：

1. 被告的答辩理由认为其上传数据库的行为属于对已授权的期刊（汇编作品）的使用，即使获得期刊授权，被告的使用方式是否构成侵权？❶

2. 被告认为其上传数据库的行为属于期刊之间的转载行为，该抗辩理由是否成立？❷

【素材 3】某影视公司举办最新制作的电影《玲珑》首映式，邀请各方媒体参加首场观影。同时当地某娱乐电视台在娱乐新闻节目中予以播放。播放内容包括影片中的部分剪辑镜头，还有导演、演员阵容介绍。该影视公司认为，该娱乐电视台的行为侵犯了其权利，提前剧透了影片内容，要求电视台停止侵权。电视台则认为该报道属于新闻报道，拒绝了该影视公司的诉讼请求。❸

❶ 汇编作品是指对若干作品或不构成作品的数据进行选择或编排。汇编作品的著作权由汇编人享有，但使用汇编作品时不得侵犯原作品的著作权。所以汇编作品的再使用需要“双许可，双付费”。本案中，期刊经过原告赵教授的授权刊登其作品，从而形成汇编作品。被告方将该汇编作品中的作品上传到数据库后，供其他网络用户付费下载的行为属于对汇编作品中的原作品的再次使用行为，该营利行为未经原著作权人的许可，对原作品作者的著作权构成侵权。

❷ 被告的答辩理由不能成立。被告将涉案作品收录到其数据库并在网络上提供付费浏览和下载的行为，显然不属于期刊之间的转载或摘编行为。根据著作权法 35 条第 2 款的规定，作品刊登后，除著作权人声明不得转载、摘编外，其他报刊可以转载或作为文摘、资料刊登，但应按照规定向著作权人支付报酬。但著作权法规定的期刊之间的转载或摘编行为并不包括网络环境。信息网络传播的特征主要是能够实现交互式的传播，即网络用户可以自行选定时间和地点获取所需作品。被告以电子版的形式发布原告享有著作权的涉案作品，使公众可以在其个人选定的时间和地点获得涉案作品，被告的行为侵害了原告对涉案作品享有的信息网络传播权。

❸ 根据著作权法的相关规定，电视台录制并播放该影片的部分剪辑镜头，是为了报道时事新闻，属于合理使用。因此电视台的行为并不构成侵权。观影媒体在其公众号平台推广影片，不可避免地要使用到影片的剧情介绍，以及影片的部分画面配图。电影制作方邀请媒体方观影的目的也在于借助媒体方推广影片市场，观影文案制作更多的是抒发观影感受，意图让更多的电影爱好者前去观影，该文案属于文字作品，具有独创性。但是文案具有独创性不代表不构成侵权。若文案的内容未经影片制作方的许可，大幅度地剧透了影片的内容，或者提供非法观影链接，则构成侵权。

【思考题】

1. 娱乐电视台的新闻娱乐播报内容是否侵犯了影视公司的著作权?

2. 如果邀请的媒体方，在平台公众号推广影片的文案中整完介绍影片的剧情，并插入影片部分截图内容，以及观影感受，该文案是否具有独创性? 是否构成侵权?

【素材 4】原告泉州某公司以现代西式婚庆创作题材为主题，创作了艺术作品《婚礼夫妻坐着谈心》(见图 2-2)具备较高的独创性。其独创性表现在:(1)X 某某身着黑色礼服、打蝴蝶领结，胸口佩戴一朵玫瑰花；新娘身着白色婚纱，白色皮鞋;(2)二人双目低垂相互对视;(3)X 某某和新娘二人共同坐在写有 LOVE 的金黄色的长靠椅上;(4)靠椅的椅背是一大一小两个形状对应的心形，爱心的形状是左低右高的不对称形状;(5)椅背的心形上点缀有许多玫瑰花的形状;(6)身着西装的 X 某某和身着婚纱礼服的新娘、LOVE 长椅、一大一小心形椅背，三大设计要点自然融合构成整个作品的创意表达和框架。整件作品重在突出新婚夫妻甜蜜浪漫的主题和色彩，符合现代年轻人追求浪漫的婚庆观念，颇受消费者喜爱用于婚庆礼品馈赠。

原告作品(图 2-2)

被告作品(图 2-3)[1]

原告认为，被告的作品(见图 2-3)与其作品在视觉效果上基本相同，无论是正面、侧面还是背面；在身着西装的 X 某某和身着婚纱礼服的新娘、LOVE 长椅、一大一小心形椅背，这三大设计要点上也是完全剽窃原告的创意表达方式和作品框架。从细节上看，涉案产品在设计元素、色彩搭配人物设置、人物造型、背椅造

❶ 图片(2-2，2-3)来源：https://baijiahao.baidu.com/s?id=1689206884715236781&wfr=spider&for=pc，访问时间：2021 年 12 月。

型、空间位置、部位连结、布局排列等设计要点，基本上都是剽窃原告的作品。[1]

【思考题】本案中原告作品与被告作品是否构成实质性相似？

项目三　典型案例研习

【素材】陈喆（琼瑶）诉余征（于正）等侵害著作权纠纷案[2]

【案情简介】剧本《梅花烙》于1992年10月创作完成，未以纸质方式公开发表。小说《梅花烙》系根据剧本《梅花烙》改编而来，于1993年6月30日创作完成，1993年9月15日起在台湾地区公开发行，同年起在中国大陆地区公开发表，小说《梅花烙》作者是陈喆（笔名：琼瑶）。电视剧《梅花烙》于1993年10月13日起在中国台湾地区首次电视播出，并于1994年4月13日起在中国大陆地区首次电视播出，电视剧《梅花烙》内容与剧本《梅花烙》高度一致。电视剧《梅花烙》片头字幕显示署名编剧为林久愉，林久愉于2014年6月20日出具经公证认证的《声明书》，称其仅负责记录陈喆的创作讲述，执行剧本的文字统稿整理工作，剧本《梅花烙》系由陈喆独立原创形成。

余征系剧本《宫锁连城》载明的作者，系电视剧《宫锁连城》的署名编剧。剧本《宫锁连城》创作完成时间为2012年7月17日，首次发表时间为2014年4月8日。电视剧《宫锁连城》根据剧本《宫锁连城》拍摄，剧情内容与剧本《宫锁连城》基本一致，于2014年4月8日在湖南卫视首播，片尾出品公司依次署名为：湖南经视公司、东阳欢娱公司、万达公司、东阳星瑞公司。剧本《宫锁连城》、电视剧《宫锁连城》在人物设置及人物关系、情节上与原告涉案作品均存在对应关系。剧本《宫锁连城》相对于原告涉案作品在整体上的情节排布及推演过程基本一致。

现陈喆诉余征创作的剧本《宫锁连城》以其他湖南经视公司、东阳欢娱公司、

---

[1] 摘编自福建省泉州市中级人民法院（2016）闽05民初689号民事判决书。该案涉及美术作品实质性相似的判断和认定标准问题。原告作品的名称为《婚礼夫妻坐着谈心》，该作品的立体载体由LOVE、心形和年轻夫妻三大元素组成。而被控侵权产品虽然也是由LOVE、心形和年轻夫妻三大元素组成，但这三大元素，在表现青年恋爱婚姻家庭方面题材时均是比较普通的元素。在美术作品中的关于主题、创意、素材、构思等均属于思想范畴，由于我国著作权法保护的是表达，而非思想。所以，以上常见性元素的相似不能认定其二者构成实质性相似。将原告的作品与被控侵权作品进行比较，在具体表达上二者相差甚远，整体视觉效果方面差别也大，相关公众不容易将二者混淆，应当认定被控侵权作品具有独创性，原告作品不构成实质性相似。

[2] 北京法院参阅案例第35号。参见（2014）三中民初字第07916号民事判决书（一审），（2015）高民（知）终字第1039号民事判决书（二审）。

万达公司、东阳星瑞公司共同摄制的电视剧《宫锁连城》侵害了原告创作的剧本《梅花烙》及其同名小说《梅花烙》的著作权。请求法院认定五被告侵害了原告涉案作品的改编权、摄制权，停止电视剧《宫锁连城》的一切电视播映、信息网络传播、音像制售活动，连带赔偿原告2000万元及为本案支出的合理费用31.3万元，判令被告余征公开道歉。

被告一方则认为：1. 原告不是剧本《梅花烙》的著作权人；2. 剧本《梅花烙》从未发表过，被告不存在与剧本《梅花烙》接触的可能性；3. 原告主张侵权的人物关系、桥段及桥段组合属于特定场景、公有素材、有限表达或仅为思想而不是表达，不受著作权法保护；4. 剧本《宫锁连城》是被告独立创作的作品。其余四被告均认为没有侵害原告的改编权、摄制权。被告万达公司并认为：其仅对电视剧《宫锁连城》进行了投资，主观和客观上均没有侵权故意和事实，不应承担连带侵权责任。

一审法院对于案件争议焦点问题，提出了如下观点：

一、剧本《梅花烙》的著作权归属。虽然电视剧《梅花烙》有“编剧林久愉”的署名，但林久愉本人出具《声明书》表示其不享有剧本《梅花烙》著作权的事实，故认定剧本《梅花烙》的著作权人为原告陈喆。

二、小说《梅花烙》与剧本《梅花烙》的关系。小说《梅花烙》虽然与剧本《梅花烙》存在高度关联性、相似性，但却有不同于剧本《梅花烙》而存在的独创性，故小说《梅花烙》应为剧本《梅花烙》的改编作品。

三、著作权法保护的对象。著作权的客体是作品，著作权保护的不是作品所体现的主题、思想、情感等，而是作者对这些主题、思想、情感的表达。

四、剧本《宫锁连城》是否侵害了原告涉案作品的改编权。著作权侵权的认定通常遵循接触加实质性相似的判断规则。关于接触，剧本《梅花烙》与电视剧《梅花烙》内容高度一致，电视剧《梅花烙》的公开播出即可达到剧本《梅花烙》公之于众的效果，可以推定各被告均有接触剧本《梅花烙》的机会和可能。关于实质性相似，在人物设置和人物关系方面，通过对比，剧本《宫锁连城》是以原告涉案作品为基础进行的改编及再创作。在情节方面，原告主张剧本《梅花烙》中的21个情节（小说《梅花烙》中的17个情节），通过对比，3个情节属于公知素材，9个情节不构成实质性相似，9个情节构成实质性相似。在情节串联整体方面，通过对比，剧本《宫锁连城》在情节排布及推演上与原告涉案作品高度近似，且基本包含原告涉案作品的故事架构，剧本《宫锁连城》与原告涉案作品整体上构成相似。余征接触了原告涉案作品，并实质性使用了原告涉案作品中具有较强独创性的人物设置和人物关系、情节以及情节串联整体进行改编，形成新作品，即剧本《宫锁连城》，上述行为超越了合理借鉴的边界，构成对原告涉案作品的改编，侵害了原告的改编权。

五、电视剧《宫锁连城》是否侵害了原告涉案作品的摄制权。电视剧《宫锁连城》是依据剧本《宫锁连城》摄制而成的，剧本《宫锁连城》系未经许可对原告涉案作品改编而成，故未经许可摄制电视剧《宫锁连城》侵害了原告的摄制权。

六、侵害改编权及摄制权主体及民事责任。余征作为剧本《宫锁连城》的著作权人，直接实施了侵害改编权的行为。东阳欢娱公司、湖南经视公司、东阳星瑞公司实际上参与到剧本《宫锁连城》的创作之中，即余征与上述三公司对剧本《宫锁连城》的创作存在共同的意思联络，其相互之间的行为共同侵害了原告的改编权，构成共同加害行为，应承担连带责任。东阳欢娱公司、湖南经视公司、东阳星瑞公司是电视剧《宫锁连城》的制片者，应承担侵害摄制权的责任。余征作为编剧，拍摄电视剧《宫锁连城》得到其许可，且作为电视剧的制片人、出品人等身份，为电视剧《宫锁连城》的拍摄提供了实质性的帮助，与上述三公司构成共同侵权，应承担连带责任。万达公司系电视剧《宫锁连城》署名的出品方，应被认定为电视剧《宫锁连城》的制片者，应对侵犯改编权、摄制权的行为承担连带责任。停止侵害请求权是著作权自身具有的保护性请求权，判令湖南经视公司、东阳欢娱公司、万达公司、东阳星瑞公司承担停止复制、发行、传播的责任。在剧本《宫锁连城》与原告涉案作品构成实质性相似的情况下，实质上暗含了对于原告著作人身权的侵害，判令余征承担赔礼道歉、消除影响的责任。五被告的行为侵害了原告的改编权、摄制权，应当承担赔偿损失的责任。本案无充分证据证明侵权人的实际违法所得，但原告的初步举证可以证明侵权人的预期违法所得明显高于50万元的法定赔偿，法院综合考虑侵权人的主观过错、具体的侵权行为、侵权后果等因素，酌情确定500万元的赔偿数额。

【案例分析】

本案主要涉及文学作品著作权侵权中侵犯改编权、摄制权相关问题，对文学作品中著作权法保护的对象、作品实质性相似的认定、停止侵害责任的适用等著作权法核心、前沿问题进行了有益探索。

一、文学作品中著作权法保护的对象，根据《著作权法》第3条的规定，著作权的对象是作品。作为《著作权法》保护客体的作品具有两个特征：一是作品是思想和感情的表达，不是思想和感情本身。思想与表达二分法是著作权法的基本原理，即著作权法保护的不是作品所体现的思想、感情、主题等，而是作者对思想、感情、主题等的具体表达。二是作品具有独创性。独创性强调独立完成和创作性，独立完成是指作品由作者通过独立思考创作产生。创作性是指作品应当具有一定的创造性，能够体现作者独特的判断与选择。

在文学作品著作权侵权纠纷案件中，以对原作品完整照搬照抄的方式实施侵权的情形已经较为鲜见，在更多案件中权利人主张原作品的一部分被侵权使用，或者原作品的全部或部分内容以某种变化的形式被侵权使用，这种情况下就需要明确著作权法保护的对象，根据前述分析，著作权法对作品的保护是对其中具有独创性的表达的保护。

文学作品是内容与形式的有机统一体，其创作要素有涉及思想领域的创作要素和涉及表达领域的创作要素之分，常见涉及思想领域的创作要素主要包括题材、主题、原理等，涉及表达领域的创作要素主要包括人物设置及人物关系、情节、情节串联整体等。衡量这些表达是否属于著作权法保护的对象，需要具体分析：人物设置及人物关系作为文学作品展现人物冲突、推动事件发展的主要因素，属于作品中的表达，如果这种表达与作品的情节紧密对应，即作品以特定的人物设置及人物关系为基础形成情节安排，特定的情节安排使人物设置及人物关系与特定作品形成足够具体的对应关系，则可认定其具有独创性，因此文学作品中具有独创性的人物设置及人物关系是著作权法保护的对象。情节是叙事性文学作品的基础表达，基于特定的素材选择、事件设计、人物安排，以特定的因果关系及逻辑关系搭建具体故事情节融入了作者独创智慧，特别是对于虚构的文学作品，作者通过自身的想象力、结合特有的思维表达和逻辑安排形成的足够具体的、具有个性特点的独创内容，因此文学作品中具有独创性的情节是著作权法保护的对象。大多数叙事性文学作品的内容并非单一情节，而是通过前后衔接、逻辑顺序将诸多情节紧密贯穿作为作品整体，作者通过对作品情节选择、情节展开、结构安排进行推演设计，这种情节整体串联反映着作者的个性化判断和取舍，体现出作者的独创性思维成果，并成为著作权保护的表达，因此文学作品中具有独创性的情节串联整体属于著作权法保护的对象。

本案中，剧本《梅花烙》、小说《梅花烙》的人物设置及人物关系与作品的特定情节存在不可分割的关系。原告主张剧本《梅花烙》的 21 个情节（小说《梅花烙》的 17 个情节）中，有 9 个情节包含时间、地点、事件起因、经过发展、结果等细节，对整个故事情节起到了重要作用。剧本《梅花烙》、小说《梅花烙》基于特定素材的选择以及特定的排列组合形成情节串联整体，这种情节串联整体在前后衔接、逻辑顺序上已经紧密贯穿为完整的个性化表达。这些人物设置及人物关系、情节、情节串联整体均属于原告的独创性表达。

二、侵害改编权的认定。《著作权法》第19条第14项规定："改编权，即改变作品，创作出具有独创性的新作品的权利。"侵害改编权的行为认定通常遵循"接触＋实质性相似"的判断思路。实践中，判断"接触"的发生有两种情况：一是有证据证明被告实际接触到了原告涉案作品；二是原告涉案作品已经发表，处于公之于众的状态进而推定接触的发生。《著作权法》中接触和发表均指向作品，判断作品是否发表，核心是作品内所含受著作权法保护的对象是否以作品为载体实现了公之于众。即使变换了载体形式（例如观众通过影视作品了解剧本内容），仍然可以达到对作品中受著作权法保护的对象的发表和公之于众。

关于"实质性相似"的认定是判断著作权侵权的核心，理论界和实务界存在两种不同方法：一种是抽象分离法，即通过抽象的手段，将作品中的思想、事实或通用元素等不受保护的部分予以分离，与作品中受保护的部分进行对比，从而判定两部作品是否构成实质性相似。另一种是整体观感法，即以普通观察者对作品整体上的内在感受来确定两部作品之间是否构成实质性相似。我们认为，判断文学作品实质性相似时，单一的抽象分离法或整体观感法均具有一定的局限性，根据案件具体情况，可以将两种方法结合使用。

本案中，首先采用抽象分离法从人物设置及人物关系、情节两个角度将思想和表达进行区分，并在表达层面对两部作品分别进行比对，得出剧本《宫锁连城》在人物设置及人物关系上是以剧本《梅花烙》、小说《梅花烙》为基础进行的改编及再创作，剧本《宫锁连城》与剧本《梅花烙》、小说《梅花烙》在9个情节上构成实质性相似的结论。然后采用整体观感法从情节整体串联角度对两部作品进行比对，虽然原告主张的情节在剧本《宫锁连城》中所占比例不高，但是包含了剧本《梅花烙》、小说《梅花烙》的故事架构，即其包含的情节设置已经占到原告涉案作品的足够充分比例，使受众感知到来源于原告涉案作品，得出剧本《宫锁连城》在整体情节排布及推演过程与剧本《梅花烙》、小说《梅花烙》基本一致，导致整体上的相似性，构成改编的事实。

在综合使用两种方法判断实质性相似时，存在两个需要解决的问题：一是如何将思想和表达进行抽象分离；二是如何对情节串联整体比对。关于如何将思想和表达进行抽象分离。金字塔理论具有一定参考价值，该理论将文学作品中的内容比作一个金字塔，金字塔的底端是由最为具体的表达构成，金字塔的顶端是最为抽象的思想，当权利人起诉他人的作品侵害其著作权时，需要通过对比的方式予以确认，可以参照相似内容在金字塔中的位置来确定的相似的部分属于思想还是表达，在表达的层面判断是否构成实质相似。如果人物身份、人物关系、人物与特定情节的对应关系等设置已经达到足够细致具体的层面，那么人物设置及人物关系就构成具体的表达。如果情节具体到了一定程度足以产生感知特定作品来源的特有的欣赏体验的程度就构成具体的表达。如何对情节串联整体比对？文学作品中以情节为基础表达，并以情节整体串联组合成最终的作品整体表达。在文学作品情节串联整体比对时，应当结合个案特征，考虑将作品的情节整体保留比对，不需先行剔除公共素材、固定场景、有限表达等不具独创性的内容，否则将无法呈现作品整体内容。关于整体串联情节构成实质性相似的认定，比例原则具有一定参考价值，如果情节整体串联在被诉侵权作品中达到一定数量或比例或者情节整体串联已经占到了权利人作品的足够比例，即使其在被诉侵权作品中所占比例不大，但足以使受众感知到来源于特定作品，可以认定构成实质性相似。

需要注意，著作权法并不禁止对他人作品的合理借鉴，在判断著作权侵权时，应当将合理借鉴排除在外，主要包括三种情形：第一，对他人作品中的思想的借鉴；第二，对他人作品中足够具体化但不具独创性内容的借鉴；第三，对他人作品中具体化且具有独创性的表达的借鉴。此种情况下是否构成合理借鉴要结合个案情况综合考量，不仅要结合借鉴内容在原作品中的所占比例及在新作品中的所占比例进行量化考量，也要结合借鉴内容的重要性、表达独创性角度进行质的考量。

三、停止侵害责任的适用条件。停止侵害责任是著作权侵权中基本的责任承担方式，侵权人不承担停止侵害责任是一种基于利益衡量之后的选择，是一种例外情形，应当严格予以限制。是否对权利人的停止侵害请求权予以限制，主要考量的是个人利益之间的平衡以及个人和社会利益之间的平衡，具体包含以下因素：第一，权利人和侵权人之间是否具有竞争关系。如果权利人和侵权人之间具有竞争关系，侵权人使用权利人作品会导致权利人和侵权人利益冲突或者导致权利人利益减损，则不宜对停止侵害请求权进行限制。第二，侵权人的市场获利是否主要基于对权利人作品的使用。如果侵权人的商业产品获得成功来源于权利人作品，或者权利人作品的使用占侵权人市场获利的较大部分时，基于利益平衡，则不宜对停止侵害请求权进行限制。第三，权利人的主观意图和侵权人的实际状况。即权利人是否怠于行使权利、侵权人停止侵害是否具有现实可能性。如果权利人积极主张权利，侵权人停止侵害并非不可能实现或者实现困难，则不宜对停止侵害请求权进行限制。第四，社会公共利益。著作权法的根本宗旨是鼓励作品的创作和传播，促进社会文化和科学事业的发展，信息作为一种公共产品，赋予其专有权的目的在于激励创作，停止侵害责任将强化著作权保护，更符合长远的社会公共利益。如果对停止侵害请求权进行限制已经损害了社会公共利益，则不宜判令侵权人承担停止侵害的责任。

具体到本案中，原告的涉案作品被整体嵌入被告的剧本《宫锁连城》中，被告基于电视剧《宫锁连城》的获利主要基于对原告涉案作品的使用。在原、被告具有竞争关系的背景下，基于剧本《宫锁连城》拍摄的电视剧《宫锁连城》继续复制、发行、传播将使原告受到极大的损害。原告自获知电视剧《宫锁连城》侵权之后即开始积极维权，如果不对本案被告侵权情形予以禁止，将根本损伤作品创新的原动力，因此对侵权作品予以禁播，符合公共利益需要。

【任务】该案例系影视剧本著作权侵权纠纷的一个综合案例，该案例涉及作品的界定与作品的类型、著作权的归属、著作权各项权能的控制范围、侵权行为的认定标准、著作权侵权的民事救济方式和责任承担等问题，涉及著作权法中的诸多知识要点以及难点。根据案例内容，查找相关资料，通过仔细阅读本案例，思考问题、提出问题并分析问题。根据案例内容组织模拟法庭辩论。

第三单元　商标的力量

【单元概述】本单元主要涉及商标法的基础知识和商标实务，基础知识包括商标的类型、功能、商标权的内容等。在商标实务中需要掌握商标的注册申请流程，商标监测、商标的利用以及商标侵权纠纷的类型等内容。其中，商标的注册申请及商标监测属于相对综合的业务内容，需要重点掌握。

项目一　商标制度概述

【情境导入】

我国在1982年通过了第一部《商标法》，40多年来，我国已基本构建起以《商标法》为基础，以《商标法实施条例》等法规、部门规章为补充，内容完备、体系健全的现代商标法律体系，建立了既符合国际规则又具有中国特色的商标注册管理体制。近年来，关于商标战略布局的话题也很流行。当下越来越多的企业经营者在开拓市场时就已经对企业品牌的建立和保护产生积极的意识。商标的力量不仅在于其赋予企业的品牌价值，也在于它给人类社会生活带来的各种便捷和色彩。商标用其最直观的方式指引着人们消费的方向，为我们的日常生活建立起一道道亮丽的风景线。

思考：试想如果你生活在一个没有商标的世界，会给你的日常生活带来怎样的影响？

一、我国商标制度的发展历程概述

我国是世界上较早使用商标的国家。汉唐时期，首都长安作为世界贸易的交易中心，往来商贸频繁，商品经济十分发达。那时已有不少商家在商品上做上自己的特有标记以示区分。到了宋代我国就有了形式上非常完备的“商标”。北宋时期，山东济南刘家功夫针铺使用“白兔”作为商品的商标（见图3-1）。该商标的图案是一个持药杵的兔子，图形两侧有“认门前白兔儿为记”的文字说明，上面印有“济南刘家功夫针铺”的字样，下侧刻有“收买上等钢条，造功夫针铺，不误宅院使用，客转与贩，有加饶，请认白”的广告语。

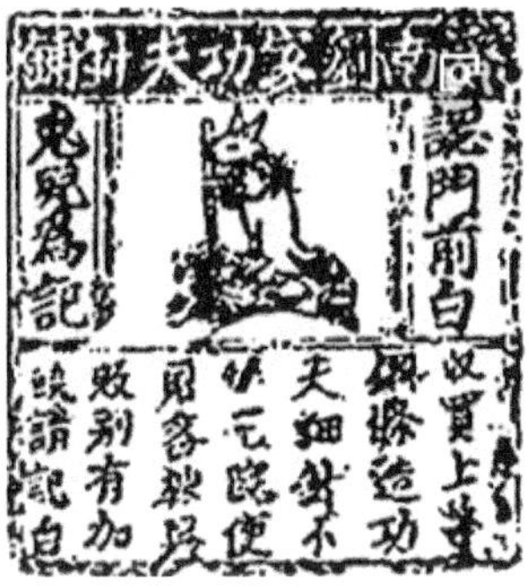

图 3-1 白兔商标

明清时期是我国商标发展的一个重要的阶段，我国真正意义的商标制度建立于晚清。1840 年鸦片战争以后，清政府被迫打开国门，与帝国主义列强签订了不少保护外国商标权的条款。清政府于 1904 年颁布的《商标注册试办章程》是我国历史上第一部商标法规。该法由当时任中国海关总税务司的英国人赫德起草。《商标注册试办章程》实行注册原则和申请在先原则、注册有效期20年、对假冒商标采取不告不理原则，对涉外商标纠纷实行“领事裁判权”。但此章程实际上并未真正实施过。我国明清时期，无论商标的数量还是社会影响都较过去有很大发展，形成了一大批有影响力的、至今还在使用的商标，如“同仁堂”“张小泉”“鼎丰”等。

1950 年政务院公布《商标注册暂行条例》，1963 年国务院颁布《商标管理条例》。直到 20 世纪 80 年代，我国商标才开始崛起，随着改革开放和市场经济的发展，以及国外品牌的大举进入，我国企业意识到拥有企业商标的重要性，在竞争中陆续产生了“海尔”“康佳”“联想”等驰名品牌。

进入 21 世纪，随着国际商品业务的繁荣，商标在国际商贸活动中扮演着越来越重要的角色，成为国际市场竞争的无形资本。为打造出具有世界影响力的自主品牌，我国企业开始走向世界，一批具有国际影响力的民族品牌凭借过硬的商品质量和企业实力，得到国际社会的认可和赞同。至此，我国商标的发展进入了一个崭新的历史时期。

2019 年 4 月 23 日，全国人大常委会通过了对《中华人民共和国商标法》的第四次修正。规制恶意申请、囤积注册等行为是此次修改的重点内容之一，主要涉及以下三个方面：一是增强商标使用义务，增加“不以使用为目的的恶意商标注册申请，应当予以驳回”的规定，首先在审查阶段予以适用，实现打击恶意注册的关口前移，并将其作为提出异议和请求宣告无效的事由，直接适用于异议程序和无效宣告程序中；二是规范商标代理行为，规定商标代理机构知道或者应当知道委托人存在恶意注册行为的不得接受委托，一经发现，依法追究责任；三是对申请人、商标代理机构恶意申请商标注册、恶意诉讼的行为规定了处罚措施。从而将规制恶意注册行为贯穿于整个商标申请注册和保护程序，在责任主体方面既包括申请人和权利人也包括商标代理机构。本次修改为规制恶意商标申请注册行为提供了直接、明确的上位法依据。

二、商标的定义

“商标”（trademark）是指能够将不同的经营者所提供的商品或者服务区别开来，并可为视觉所感知的显著性标记。在中国，就是我们俗称的“牌子”。

虽然商标一词是世界的通用法律用语，但各国对商标的表述并不完全相同。《英国商标法》将商标定义为：“商标是指任何能够以图像表示、能够将某一企业的商品或服务与其他企业的商品或服务区分开来的标记。”《法国知识产权法典》将商标定义为：“商标或服务商标是指用以区别自然人或法人的商品或服务并可用书写描绘的标记。”世界贸易组织《与贸易有关的知识产权协定》（TRIPS 协议）定义商标为：“商标是指任何能够将一个企业的商品或服务区别于另一个企业的商品或服务的标记或者标记组合。”

《商标法》规定：“任何能够将自然人、法人或其他组织的商品与他人的商品区别开的标志，包括文字、图形、字母、数字、三维标志、颜色组合和声音等，以及上述要素的组合，均可以作为商标申请注册。”

根据《商标法》第 8 条的规定，我们可以将商标的概念分解出以下信息（如图 3-2 所示）：

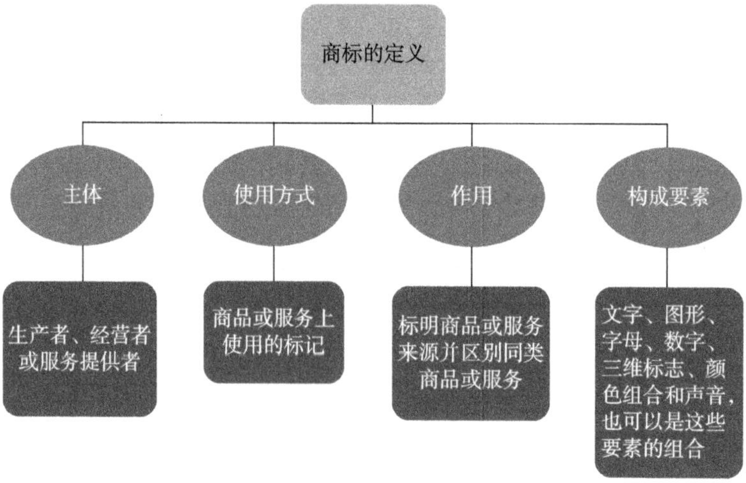

图 3-2　商标的定义

（1）商标的所有者或使用者是而且只能是商品的生产者、经营者或服务提供者。

（2）商标是商品或服务上使用的标记。

（3）商标是标明商品或服务来源并区别同类商品或服务的标志。

（4）商标的构成要素可以是文字、图形、字母、数字、三维标志、颜色组合和声音，也可以是这些要素的组合。

三、商标的基本类型

按照不同的划分标准，商标可分为不同的类型。根据各分类标准划分出来的商标种类并不是一成不变的，随着市场经济的发展和完善还会出现新的商标种类。另外，一个商标可能同时隶属于不同的商标种类。了解商标的类型有助于设计和使用商标，同时，对企业实施商标策略有积极的意义。

（一）商品商标和服务商标

按商标的使用对象来划分，可以将商标划分为商品商标和服务商标。

（1）商品商标，用于区分商品的商标称为商品商标，它是数量最多、用途最广的商标。商品商标是一种传统的商标类型，它的作用主要是为了区分不同企业生产的同类商品。例如手机上使用的“华为”“苹果”等商标。

（2）服务商标，用于区分服务企业的服务场所、服务用品、服务规格等内容用以与其他服务企业加以区别的标记，又称为服务标记。这里讲的服务企业主要指旅馆、饭店、航空公司、出租汽车公司、保险公司、旅行社、修理公司、洗衣店、银行、证券所、邮电局、网络公司等，涉及面很广。对于服务商标，并不是所有国家都给予注册保护。在我国，1993 年修改后的《商标法》增加了对服务商标保护的规定。

（二）形象商标和非形象商标

根据商标的不同视觉效果，可以将商标划分为形象商标和非形象商标。

非形象商标，人们无法通过视觉感受到它的存在，要通过听觉、味觉去感知它。我国《商标法》目前对声音商标予以保护，对气味商标没有做出规定。而声音商标是指以音符编成的一段音乐或以某种特殊声音作为商品或服务的标记。例如，QQ 登录的声音，美国米高梅电影公司在电影片头出现的狮吼，中国中央电视台一台新闻联播的开始曲等。

形象商标又称为视觉商标，可分为平面商标和立体商标。根据构成要素的不同，形象商标又可以分为文字商标、图形商标、三维标志、颜色组合以及组合商标。

（1）文字商标：以各种语言文字、拼音字母、数字组成的商标，称为文字商标。单纯用数字组成的商标不易被批准，除非是驰名商标。

（2）图形商标：由平面或立体图形构成的商标，称为图形商标。其优点是形象鲜明、特征显著、便于识别，不受国家、地区、不同语言的约束，其缺点是不便于称呼，缺乏听觉效果。

（3）三维标志：又指立体商标，它是指以商品外形或长、宽、高三维标志为构成要素的商标。在实际生活中，像酒瓶、饮料瓶、香水瓶和容器及产品的独特外包装等具有立体标志的物品，可以申请立体商标。例如麦当劳的金色拱门，派克金笔的专业笔托造型，劳斯莱斯汽车的飞天女神车标，等等。为了防止不适当的注册，对用三维标志申请注册的商标又进行了一些限制。《商标法》第 12 条规定，以三维标志申请注册商标的，仅由商品自身的性质产生的形状、为获得技术效果而需要的商品形状或者使商品具有实质性价值的形状，不得注册。

（4）颜色组合商标：是指不同颜色组成的商标。我国《商标法》2001 年修改后，增加了颜色组合商标，但要求必须为两种以上颜色的组合才能申请商标注册。

（5）组合商标：以文字、图形、数字、字母、颜色组合而成的商标（其中文字是必不可少的），称为组合商标。在现代商标中，组合商标数量最大，一般以图形为主，文字为辅，兼有视觉和听觉效果，但是要求文字与图形、颜色等要素的组合要协调。在日常生活中以此类商标比较常见。

【延伸阅读】

“男人咳嗽声”（声音商标）商标驳回复审案[1]

一、基本案情

第 14502514 号“男人咳嗽声”（声音商标）商标（以下简称申请商标）由腾讯科技（深圳）有限公司（即本案申请人）于 2014 年 5 月 4 日提出注册申请，指定使用在第 42 类云计算等服务上。后商标局以该商标为男人的咳嗽声“咳咳”，用在指定服务项目上缺乏显著性，不具备商标的可识别作用，违反了《商标法》第 11 条第 1 款第 3 项等规定为由驳回其注册申请。2015 年 5 月 25 日，申请人不服商

[1] 第 14502514 号“男人咳嗽声”（声音商标）商标驳回复审案？国家工商总局商标评审委员会 http://www.saic.gov.cn/spw/alpx/201707/t20170728_267967.html。

标局的上述驳回决定，依法向商标评审委员会提出复审。

二、决定结果

商标评审委员会经审理认为，申请商标为男人咳嗽的声音，指定使用在云计算等服务上不易被作为商标识别，缺乏商标应有的显著特征，属于《商标法》第 11 条第 1 款第 3 项所指的情形。另外，申请人提交的使用证据未涉及申请商标在云计算等服务上的使用，不能证明申请商标经使用已具有显著性。综上，申请商标在复审服务上的注册申请予以驳回。

三、典型意义

《商标法》第 11 条第 1 款第 3 项规定，其他缺乏显著特征的标志不得作为商标注册。该条具体是指除《商标法》第 11 条第 1 款第 1 项、第 2 项以外的依照社会通常观念本身或者作为商标使用在指定商品上不具备表示商品来源作用的标志。本条属于兜底条款，借鉴了国际条约和其他国家的立法经验，为属于商标法第 11 条第 1 款第 1 项、第 2 项规定情形之外的其他缺乏显著特征的标志禁止获得商标注册提供了法律适用的依据。本案涉及对声音商标的显著特征审查。增加声音商标是顺应商标注册的国际发展趋势和企业自主创新发展需求而做出的必要调整。声音商标实质审查采用与可视性商标一致的审查标准，包括禁用条款审查、显著特征审查、相同或近似审查等。但考虑到声音商标的表现形式、使用方式等，通常情况下，声音商标需要经过长期使用，才能取得显著特征。

（三）证明商标、防御商标和联合商标

根据商标的特殊性质划分，商标可以划分为证明商标、防御商标和联合商标。我国《商标法》对其中的防御商标和联合商标还未做出明确规定。但是在商标实务中，已经有企业申请注册了这两种商标。

（1）证明商标，是指由对某种商品或者服务具有监督能力的组织所控制，而由该组织以外的单位或者个人使用在其商品或者服务中，用以证明该商品或者服务的原产地、原料、制造方法、质量或者其他特定品质的商标。例如“绿色食品”“纯羊毛标志”“真皮”等。这种商标具有一定特殊性，须经过专门行政机关或行政机关指定的质量监督、检验机构的检验，商品或服务达到一定质量标准，才可获得这种商标使用权。证明商标对于企业来讲，不具有专用权，不能自行转让。证明商标的注册人是专门行政机构或专门机构，注册人不能将证明商标用于自己的服务或经营的商品上。

（2）防御商标，商标所有人将一组有独创性或已为公众知晓的商标，在该商标核定使用的商品和服务类别之外的不同商品和服务上加以注册的同一商标，又称为防御商标，又称为防护商标。一般只有驰名商标才有必要注册防御商标，也只有驰名商标才能注册防御商标。这实际上是对驰名商标所采取的一种特殊的、有效的保护形式。例如“海尔”商标可以在家用电器之外的其他商品，甚至所有类别商品上进行注册，以阻止他人的注册和使用。

防御商标的主要特点表现为：第一，防御商标应当为强商标，即构成要素具有很强的显著性（通常为臆造商标），而非平常元素构成。第二，防御商标的注册人一般为驰名商标的所有人。因为防御商标的注册目的主要是为了保护主标，其余商标的注册通常只会闲置不用，所以防御商标不容易获得注册。如果权利人注册了防御商标，就等于有了特殊权利，那就是可以避免因闲置不用而被撤销的风险，只要主商标一直在使用，则防御商标也视为在使用。

（3）联合商标，是指同一个商标所有人在同一种或者类似的商品和服务中注册两个或两个以上近似的商标。其中一个被指定为主商标，是实际使用的商标，其余的是为了防止他人注册造成混淆而注册的，用于积极防卫。联合商标可以由商标申请人分批获得注册，但不能单独转让或许可。例如：“乐口福”食品商在注册该商标的同时，注册了“乐福口”“口乐福”“口福乐”“福口乐”等商标；“全聚德”烤鸭店同时注册了“德聚全”“聚全德”“聚德全”“德全聚”“全德聚”等商标。这些都是属于联合商标。联合商标中的每一个商标都不能单独转让，而必须全部一同转让或许可他人使用。

对联合商标实行保护的国家，一般都规定，只要使用了联合商标中的一个，就可以认为整个联合商标都符合商标法中所规定的“使用”要求。

（四）驰名商标、著名商标和知名商标

按商标的市场知名度分，可以将商标划分为驰名商标、著名商标和知名商标。

（1）驰名商标，是指经过长期使用，在市场上被公众所熟知的商标，即知名度高，影响力大、信誉高、富有竞争活力的商标。驰名商标又可分为世界驰名商标和全国驰名商标。世界驰名的商标是指满誉全球的商标，如“劳斯莱斯”汽车、“苹果”手机、“可口可乐”饮料等。全国驰名商标是指在一国范围内享有声誉的商标，例如“五粮液”酒、“李宁”运动服、“伊利”“蒙牛”牛奶等。目前，世界上许多国家的商标法中均对驰名商标进行保护。我国 2001 年修订后的《商标法》中增加了对驰名商标的认定和保护条款。尽管我国对驰名商标立法比较晚，但是在商标实务中，一直对驰名商标给予特殊保护。2013 年《商标法》对驰名商标的认定标准和程序又做了进一步的规定，明确了按需认定、事实认定、一案一认定、被动保护等相关规则，同时，规定了生产、经营者不得将“驰名商标”字样用于商品、商品包装或者容器上，或者用于广告宣传、展览以及其他商业活动中。

（2）著名商标。这也是一个在国际上常用的法律概念。著名商标是指知名度高于普通商标、低于驰名商标的商标。在我国著名商标主要是指各省、直辖市和自治区评选出的省级商标，因而其保护力度和驰名商标不能相提并论。

（3）知名商标。这不是一个国际上通用的法律概念。但是除了中国，外国也有采用这一概念的，如日本就有“知名商标”和“驰名商标”的分类，其“知名商标”的声誉和知名度低于“驰名商标”。

在我国，著名商标、知名商标一般都是各省、市、地区或行业协会评选出来的，不是我国《商标法》中规定的一个商标种类。

（五）制造商标、销售商标和集体商标

按商标的不同使用者分类，商标可以划分为制造商标、销售商标和集体商标。

（1）制造商标。标明商品的生产、制造、加工者的商标，称为制造商标，又叫“生产商标”或“工业商标”。此种商标通常同生产企业的名称部分相同，用以突出企业的名称或字号，给消费者留下深刻的印象。如德国大众汽车公司“大众”商标，李宁体育用品有限公司的“李宁”商标等。

（2）销售商标。商业企业为了销售商品而注册和使用的商标，称为销售商标，主要用于外贸公司出口商品，又称为“经营商标”或“商业商标”。这种类型的商标是商品销售者为了保护自己所销售商品的质量而使用的文字、图形或其组合标记。该商标的使用者并不生产商品，而是将采购来的商品用上自己的商标，或采取定牌委托生产企业加工的方式，然后用销售商的商标统一出口或销售，以经销者的信誉担保产品质量的可靠性。

（3）集体商标。由不同的企业依共同利益自愿组成的、具有法人资格的工商业团体或行业性组织共同申请注册、各自享用的商标，称为集体商标。使用该商标的商品，表明是由加入这一工商业团体或行业性组织的企业生产的，其产品质量受到该组织的监督。集体商标一般不能转让和许可。例如铁路、银行、邮政、电信的标志就属于集体商标。

四、商标的功能

随着现代经济社会的发展进步，商标的功能也在不断演变和发展，它的存在为商品或服务提供者与消费者之间架构了重要的信息桥梁，其重要性不可小觑。由于商标在商品经济活动中的特有地位和独立价值，我们不难归纳出商标在商品贸易中的功能和作用。

1. 区分商品或服务来源的功能。区分商品或服务来源的功能可以说是商标最基本的一个功能。就像每个人的名字一样，商标对于市场经济活动中的商品或服务提供企业也是一块重要的名牌。市场上这么多的商家，有不同的设计工艺，不同的价格，不同的质量和服务水平。如何才能让消费者在购买产品的过程中一眼便识别自己所需的产品？又如何能让商家保持惯有的品质以赢得源源不断的客户？要形成这种高效有序的商业活动就离不开商标这个重要的媒介。

一枚小小的商标包含的信息不止表层信息，消费者通过商标可以判断出商品出自哪个生产者，但是通过标识，我们甚至可以知道产品的加工、拣选、经销者以及企业文化，这就是“标识来源”。例如，现在市场上的手机品牌琳琅满目，国产品牌有“华为”“小米”“OPPO”等，国外品牌有“三星”“苹果”等。这些商标都来自相同的商品——手机，但是用不同的商标做区分后，消费者结合自己掌握的信息，就能够在消费市场快速挑选出自己所需要的产品。

2. 品质保证功能。商标是产品质量的代言人，消费者通过商标可以选择出那些产品质量稳定、可靠的商品，而对于经营者而言，为了维护其在客户心目中的商业信誉，以及市场形象，就不得不稳定并提高自己的产品和服务的质量，以免自砸招牌。

3. 广告宣传功能。商标作为一种标志，由于商标特有的显著性，便于呼叫和记忆，可以指示商品的质量和企业的信誉。消费者在选购商品时，多是记住商标，凭商标识别商品质量的优劣，即认标购物，商标自然就成了一种广告手段。当消费者发现一个好的品牌，可以口碑相传的方式将信息快速发散给自己身边有同样需求的朋友。商标因此被称为商品的无声推销员。但与商业广告相比，商标更具有经济性、灵活性和宣传性。

4. 承载企业文化的功能。每个企业的成长之路以及品牌历史渐渐形成其特有的企业文化。商标的存在为企业的代代更迭，文化传承提供了载体。在消费市场我们不难发现一些百年老字号的品牌。这些百年老字号传承的不仅是一块商标，更多的是一种文化，其包含着世代传承的品质、技艺或服务，以及鲜明的文化背景和深厚的文化底蕴。

五、商标权的内容

商标权的权利主要有注册商标的专有使用权、禁止权、转让权等内容。

（一）专有使用权

专有使用权是商标权最重要的内容，是商标权中最基本的核心权利。它的法律特征为，商标权人可在核定的商品上独占性地使用核准的商标，并通过使用获得其他合法权益。

专有使用权具有相对性，只能在法律规定的范围内使用。我国《商标法》第56条规定："注册商标的专用权，以核准注册的商标和核定使用的商品为限。"即注册商标只能在注册时所核定的商品或者服务项目上使用，而不及于类似的商品或者服务项目；商标权人也不得擅自改变构成注册商标的标志，也不能使用与注册商标近似的商标。

（二）禁止权

禁止权是指注册商标所有人有权禁止他人未经其许可，在同一种或者类似商品或服务项目上使用与其注册商标相同或近似的商标。商标权具有与财产所有权相同的属性，即不受他人干涉的排他性，其具体表现为禁止他人非法使用、印制注册商标及其他侵权行为。由此可见，专有使用权和禁止权是商标权的两个方面。

使用权和禁止权的区别在于两者之间有着不同的效力范围。使用权涉及的是注册人使用注册商标的问题，禁止权涉及的是对抗他人未经其许可擅自使用注册商标的问题。根据我国《商标法》的规定，注册人的专有使用权以核准的注册商标和核定使用的商品为限。这就是说，注册人行使使用权时受到两方面限制：第一，只限于商标主管机关核定使用的商品，而不能用于其他类似的商品；第二，只限于商标主管机关核准注册的文字、图形，而不能超出核准范围使用近似的文字、图形。但是，禁止权的效力范围则不同，注册人对他人未经许可在同一种商品或类似商品上使用与其注册商标相同或近似的商标，均享有禁止权。这就是说，禁止权的效力涉及以下四种情形：第一，在同一种商品上使用相同的商标；第二，在同一种商品上使用近似商标；第三，在类似商品上使用相同商标；第四，在类似商品上使用近似商标。

（三）许可权

许可权是指注册商标所有人通过签订许可使用合同，许可他人使用其注册商标的权利。许可使用是商标权人行使其权利的一种方式。许可人是注册商标所有人，被许可人根据合同约定，支付商标使用费后在合同约定的范围和时间内有权使用该注册商标。

（四）转让权

转让商标权是商标所有人行使其权利的一种方式，商标权转让后，受让人取得注册商标所有权，原来的商标权人丧失商标专用权，即商标权从一主体转移到另一主体。转让注册商标，应由双方当事人签订合同，并应共同向商标局提出申请，经商标局核准公告后方为有效。

（五）质押权

根据《民法典》担保法律制度，商标权人还享有将其商标权进行出质的权利。

六、商标和其他商业标记的区别

商品上除使用商标之外，还有一些别的标记，比如企业商号、商品装潢、产地名称等。这些表示和商标一起统称为商标标识。它们和商标既有区别又有联系。

（一）商标与商号

商号，亦称字号，是经营者表明自己的名称。是企业名称中的特征部分。商标与商号有着紧密的联系，不少企业的商号和商标是相同的。例如“迪士尼”“海尔”“柯达”“华为”“苹果”等。将商号和商标统一起来，达到既标识商品又代表企业的目的，两者相得益彰。但也有不少企业的商号和产品商标并不一致。例如联合利华公司的商号是“联合利华”，但是旗下品牌却有“奥妙”“金纺”“多芬”“力士”“立顿”等商标。

商标和商号是最容易混淆的一组概念，但其二者之间其实有着明显的区别，不能混为一谈。

1. 商标是特定商品或者服务的标志，而商号是营业主体本身的标志。所以其二者的识别对象不同。

2. 商标和商号的构成要素的不同。商标可以由文字、图像等要素及其组合而构成，但是商号只能是文字形式。

3. 登记注册后所产生的法律效力不同。商号依据《企业名称登记管理规定》进行登记注册后，所享有的企业名称专用权权限仅限于登记主管机关所辖范围；而商标经注册登记后在全国范围内享有注册商标专用权。

4. 商标注册大多实行自愿注册原则，除强制注册的商标需要取得商标专用权外，其他普通商标不经注册的也可以使用，只是一般情况下不享有法律意义上的专用权。而商号不经登记不得使用。企业名称登记是工商业组织取得市场主体资格的前提条件，在企业名称名义下，经营者从事工商业活动，享受权利和承担义务。

（二）商标与装潢

商品装潢，即商品包装上的装饰，是指以图案、绘画、色彩或生动的文字来装饰、美化、宣传商品的附着物或包装物。可见，商标与商品装潢是有区别的。

1. 使用目的不同。商标的使用目的是区别，而装潢的主要目的在于美化商品，引起消费者的购买欲望。

2. 图案设计上的稳定性要求不同。装潢要随着市场审美的变化而变动，而商标是专用的，具有绝对的排他性，故其图案不可随意变动，应保持其稳定性。

3. 构图选材不同。商标应具有显著的个性特征，一般不直接表示商品的名称、图形及原料等。装潢则要求尽可能反映商品本身的特点。

4. 构图设计不同。商标构图力求简洁、明快可识别性强，以达到区分经营者的目的，而商品装潢着力于渲染、美化商品，浓墨重彩，突出商品特性，图案绚丽多彩，以便吸引消费者。

（三）商标与地理标志

地理标志是指标示某商品来源于某地区，该商品的特定质量、信誉或者其他特征主要由该地区的自然因素或者人文因素所决定的标志。我国《商标法》中的“地理标志”援用了《TRIPS 协议》中的概念，《巴黎公约》和《保护原产地名称及其国际注册里斯本协定》使用的是“原产地名称”概念，欧盟则同时使用“原产地名称”和“地理标志”两个概念。我们耳熟能详的地理标记如“涪陵榨菜”“烟台苹果”“龙井茶”“库尔勒香梨”等。地理标志同商标的区别在于：

1. 含义不同。地理标志主要用于表明某一产品的产地，并通过产地表明所具有的质量和特色。商标表明商品是由哪一个经营者生产或者经销的，但并不能说明产品特有质量。

2. 专有的范围不同。地理标志可以作为证明商标，由该标志所标示的地区经营者的代表申请注册，该地区的经营者共同使用；商标由独立的民事主体申请注册取得专用权，排除任何第三人的使用。

（四）商标与商务标语

商务标语是用于产品或者服务中的一个短句，常常与商标配合出现在广告、商品宣传的材料上。商务标语使用的语言文字简练形象、生动活泼，其构思主要从产品或服务的性能、特点出发，多为赞美之词。例如，欧派家居集团的的商务标语为“有家有爱有欧派”、海尔公司的“海尔真诚到永远”。可见，商标与商务标语两者有紧密联系。具有创造性、文学性的商务标语可以主张著作权法的版权保护，有的商务标语在反复使用一定时间后具有一定影响力，如果他人模仿，也可依据反不正当竞争法请求保护。

（五）商标与特殊标志

特殊标志，是指经国务院批准的全国性、国际性的文化、体育、科学研究及其他社会公益活动所使用的，由文字、图形组成的名称及缩写、会徽吉祥物等标志。例如奥林匹克五环图案、奥林匹克徽章、希望工程标志等，均属于特殊标志。特殊标志也可用于商品包装、商品广告，但又与商标有着明显区别。

1. 特殊标志具有营利性。特殊标志大多使用于公益活动相关的广告、纪念品以及其他物品，特殊标志所有人为募集资金可以许可他人将特殊标志使用于某些商品。

2. 特殊标志不具有区别来源的功能。特殊标志并不为了表示产品的出处，而是表明该商品或者服务项目的经营者取得了标志所有人的许可，或者与标志所表示的事业或者活动之间的某种支持、赞助关系。经营者在商品上使用特殊标志时还需要使用商标，以便确定产品来源。

（六）商标与域名

域名也就是我们通常所说的网址，域名通常由字母、数字组成，为网络的信息传输提供技术支持。随着互联网的全球效应，域名已然成为企业通过互联网经销网络销售、交流和宣传等基本标识。通过这个标识，可以找到企业和有关机构在互联网上的主页和网站。因此有学者认为："域名实际上是商标在互联网上的延伸，域名又被称作电子商标。"[1]但域名和商标又有一定的区别。商标实行自愿注册原则，但域名必须注册才可使用。域名注册时不存在近似判定，两个近似的域名仍然可以注册成功，成为合法的域名。但是商标的视觉指向性更强，因此在注册申请中如果被判定为近似商标，则不可以申请注册。域名和商标是两种不同的符号，二者完全可以区别开来。

（七）商标与通用标记

通用标记（见图3-3）是指表示商品特性、品质、用途的行业标记，通常是一种简洁、醒目的符号或图形。通用标记本身不具有任何的区别来源的作用。经营者也不应使用与通用标记相同或近似的图形作商标。

---

[1] 参见王莲峰著：《商标法》，北京大学出版社，第31页。

图 3–3　通用标记

实训一

【素材 1】很多企业在进行商标注册时，常常会对平面商标与立体商标产生疑问，认为商标注册都是平面商标，何来立体商标一说。其实，这是对商标类型的误解，主要还是由于对商标构成要素及商标类型的理解不够。一个合格的商标流程管理人员需要掌握基本的商标知识，再结合企业本身的情况出发，帮助企业选取合适的商标形式进行注册，从而保障商标注册的正常有序进行。分清商标的类型，也有助于帮助企业选择或设计强商标，企业在进行商标注册申请时，也需要提前了解这方面的相关知识，免得无从下手。

【任务】

1. 试将你日常生活中所接触到的商品商标划分类别。

2. 结合所学知识，和小组成员一起讨论图 3–4 所示商标，并进行分类。

图 3–4　实训练习

项目二　商标实务

【情景导入】

某市 M 企业经营空调业务多年，由于其商品质量过硬，售后维保服务好，在市场小有影响力。但是该企业却一直没有将自己的商品商标进行注册。企业老板认为不用着急，等公司再做大一点就去注册。可惜的是，在干了一年多后，这位老板被告商标侵权，要求赔偿。原来 M 企业在忙着做大市场的时候，已经有同行开始布局自己的商标市场。如果商标获准注册，自然就来告他侵权了。

香港地区某服装设计师吴先生是高级服装品牌“JASON WU”的品牌创始人，吴先生欲将其商标“JASON WU”在内地进行注册。可是在中国内地，在服装商品上该商标已经被另一位杨先生提出了注册申请。于是吴先生提出商标异议，可惜经过商标局裁定后认为异议理由不成立。于是吴先生又提出异议复审，经过艰难的审理后，商标评审委员会做出裁定认为吴先生提交的证据可以证明其“JASON WU”商标在先使用并具有一定的知名度，裁定杨先生的“JASON WU 及图”商标不予核准注册。[1]

思考：以上两个小故事给我们提供了怎样的启示？如何获得商标权呢？

一、商标确权实务

商标确权实务主要指商标的注册申请业务。掌握了商标注册申请的业务内容，我们需要了解商标的注册原则、商标注册申请的条件以及商标注册流程等信息。

（一）如何获得商标权

商标权可以通过使用或者是注册获得。虽然有在先使用原则，但在我国只承认通过注册获得商标权。所以，有好的商标要注意资源保护，尽早注册，以免影响企业未来的市场发展。

（二）商标注册原则

商标注册是指商标申请人按照商标法规定，将已经使用或准备使用的商标向国家工商局的商标局提出申请，经过商标局的审查核准，予以注册登记的程序。商标注册原则是在遵循商标法基本原则的前提下，申请商标注册过程中适用的具体原则。我国商标权的取得实行注册原则，因为依据在先使用确定商标权的归属存在不确定性，在

[1] 该案例素材改编自张月梅著：《张月梅的商标文》，中国工商出版社，2017 年第 1 版，第 3–7 页。

认定过程中也容易出现取证难、认定难的困局，缺乏商事活动所需的可预见性。

（1）自愿注册原则。

我国在商标权的取得上采取注册原则，即取得商标权的途径是向国家知识产权局商标局申请注册，注册是产生商标权的唯一途径。我国实行商标权注册取得制度，但是否申请注册采取自愿注册原则，即是指商标使用人根据需要，自行决定是否申请商标注册。

与自愿注册原则相对应的是强制注册原则。我国现行商标法将强制注册原则作为自愿注册原则的例外，针对涉及人体生命健康的商品实行强制注册。《商标法》第6条规定："法律、行政法规规定必须使用注册商标的商品，必须申请商标注册，未经核准注册的，不得在市场销售。"目前我国强制注册的商品有烟草等关系人类健康的制品。

（2）申请在先原则。

申请在先原则是指以申请日期为依据，受理在先申请人的商标注册申请，驳回在后申请人的申请。

申请日期的确定。以商标局收到申请文件的日期为准。即使是邮寄的，也不是以邮戳的寄出日为准，这不同于专利法中对专利申请日的确定。

使用在先的确定。针对同一天申请的，初步审定并公告使用在先的商标。

《中华人民共和国商标法实施条例》第19条规定："两个或者两个以上的申请人，在同一种商品或者类似商品上，分别以相同或者近似的商标在同一天申请注册的，各申请人应当自收到商标局通知之日起30日内提交其申请注册前在先使用该商标的证据……"

（三）商标注册申请条件

根据《商标法》的规定，申请注册的商标必须具备以下条件，才能获得核准。

1. 符合法定的构成要素。

《商标法》第8条规定："任何能够将自然人、法人或者其他组织的商品与他人的商品区别开的标志，包括文字、图形、字母、数字、三维标志、颜色组合和声音等，以及上述要素的组合，均可以作为商标申请注册。"

2. 不得违反禁用条款。

《商标法》第10条至第12条对此作了明确规定，这些规定也就是商标注册不得违反的绝对禁止性理由。下列元素，包括文字、图形，都是禁止在任何类型的商标中使用的。

（1）中华人民共和国的国名、国号（包括简称“中国”“中华”），以及国家机关的名称、简称（比如，“外交部”“卫计委”“最高法院”“交通部”等），包括中央国家机关所在地、约定俗成的国家象征（比如，“人民英雄纪念碑”“华表”），除非有国家机关的特别批准，都是禁止作为商标使用的。当然，有些老字号已经存在多年，如“中华铅笔”，属于历史遗留问题，依然可以继续使用。

（2）我国的国徽、国旗、军徽、军旗、党徽、党旗、警徽、团徽、人民法院的“天平”、人民检察院的“中国检察”等有法定适用范围的徽章、旗帜、标识，禁止作为商标或商标的一部分使用。

（3）同“红十字”“红新月”“红水晶”等国际人道组织相似的图案，禁止作为商标使用。（但是，“红十字”本身是一个注册商标，商标权人为中国红十字会，有专门的法规规定其使用范围）

（4）著名的国际组织的名称（包括英文名、中文名及其简称）、徽标，禁止作为商标使用，但经该组织同意的，可以使用。（比如，“联合国”“世贸组织”“WTO”，都不可以作为商标使用）

（5）奥林匹克标志（即我们熟悉的“奥运五环”），未经国际奥委会或中国奥委会批准的，禁止作为商标或商标的一部分使用。

（6）商标的内容（包括文字、图形以及两者的组合），不得有违法律和社会主义道德风尚，不得带有民族歧视色彩；特定的宗教标志，不得作为商标使用。比如，通常不允许用全裸人体的照片作为商标，也不得使用恐怖组织、邪教组织的口号、标识作为商标。一些不雅词汇也不可以作为商标使用。

（7）县级、县级以上的地名、知名景点的名字，以及为公众所熟悉的外国地名，不得作为商标或商标的一部分使用。但是，如果这个地名属于集体商标、证明商标，则不受限制（比如，“绍兴黄酒”“都匀毛尖”，都是证明产品的产地的证明商标，是可以使用的）。有些老字号已经存在多年，比如“上海牌”墨水、“沙市日化”等，是在商标法规定之前注册的，依然有效。

（8）人民解放军、武装警察、警察、消防队的名称、简称，包括形象，都不可以作为商标。比如，“持枪站岗军人”的形象、人民警察的卡通形象，都不可以使用。但是，经过上述机构的中央机关批准使用的除外。

上述这些规定，主要是为了维护社会秩序，避免故意注册此类商标，使普通群众产生混淆，以为商品是由上述国家机关、国际组织认可的。这些规定，基本都是没有商量余地的，必须绝对避免。

3. 商标应具有显著性。

显著性，又称为识别性和区别性。因为商标是区分商品或服务来源的标志，商标必须具有显著性，这也是商标所承载的功能和特征所要求的。一个显著性强的商标被称为强商标，反之为弱商标。但是商标通过使用后也会出现强商标弱化，或是弱商标变强的情况。所以商标的显著性贯穿了商标权的产生、终止和保护的整个过程。

首先，使用本商品的通用名称、图形、型号的商标一般也不允许注册。比如，“机械”两个字，不能作为挖掘机上使用的商标；“苹果”的照片，不能作为食用苹果的商标。类似的，“碗面”牌方便面、“六分”牌水管、“扳手”牌扳手、“触感”牌绘画板、“42 英寸”平板电视机、“18K”金首饰，实际操作都是不允许使用的。

如果允许这类商标获得注册，则对于同类产品的生产者而言是无所适从。比如，假设允许“U 盘”二字作为商标并用在移动储存设备上，难道以后其他的厂家，都不能把自己生产的这种储存设备称为“U 盘”了吗？这显然是不公平的。

其次，直接标识、宣传商品的质量、原料、功能的商标不允许注册。比如，申请把“永不磨损”作为注册商标，用在厨房用的刀具上；把“不差一秒”作为注册商标，用在钟表上，都是涉嫌宣传了产品的性能，因而是不允许的。而“大豆”牌食用油、“糯米”牌粽子，是将产品的主要原料作为商标，妨碍了其他同类产品的正当生产和销售，因此也不能作为注册商标。当然，这个原则在实际操作中，往往会产生一定的争议，是允许有比较隐晦的擦边球存在的。比如，“好吃点”商标用于食品，“永固”商标用于锁具，都是现实中存在的例子。这些都是属于缺乏显著性的商标，即使打擦边球获得注册，其实也是一个弱商标，很容易在使用中被淡化。

【扩展阅读】

商标显著性的分类

商标具有显著性才能获得保护。理论上可将商标分为强商标和弱商标。强商标包括三种，即臆造性商标、任意性商标和暗示性商标。以文字商标为例，所谓臆造性商标，是指构成商标的单词或者字母组合在词典上没有任何含义。所谓任意性商标，是指构成商标的单词或者单词组合在词典上有固定含义，但与其指定的商品或者服务无关。所谓暗示性商标，是指对其使用商品的性质或者质量具有影射或者暗示作用的商标。

弱商标的常见形态有描述性商标、地名商标和姓氏商标。所谓描述性商标，是指仅仅描述了其使用商品的功能、质量、成分等特点的商标。所谓地名商标，是指描述了商品产地或者服务提供场所的商标。姓氏商标就是以普通姓氏作为商标。

4. 商标应具有新颖性。

《商标法》第 32 条规定，申请商标注册不得损害他人现有的在先权利，也不得以不正当手段抢先注册他人已经使用并有一定影响的商标。但由于在先权利众多，商标局在审查的过程中通常不会主动依该条款一一进行审查。但是商标申请人在申请商标时还是应该保证商标的新颖性，通过前期查询和检索，尽量避免与他人在先权利的冲突，以免后期使用过程给自己带来一些不必要的麻烦。

（四）商标注册申请流程

商标的注册申请流程可以分为申请前事务和申请中事务（见图 3-5）。在商标注册申请前需要做大量的比对和准备工作，以提高商标的注册成功率。其中商标的查询工作是非常专业和非常重要的，它直接影响着后期申请工作的完成效率和完成质量。如果前期工作做得不充分，会导致后期注册商标的失败，给申请人带来时间和金钱上的损失。

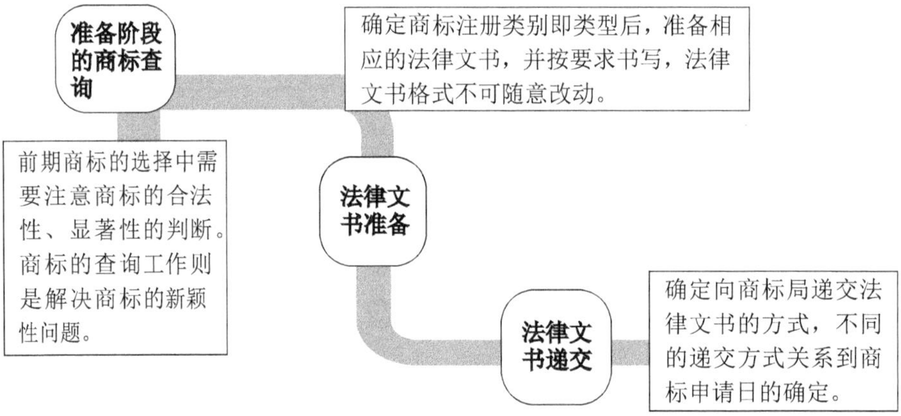

图 3-5 商标注册申请流程

1. 准备阶段的查询工作。

商标查询不是商标注册的法律程序，但是在商标注册申请之前对待注册商标进行近似查询是专业要求。商标近似查询，是指商标注册申请人在向商标局提交商标注册申请前，对与申请商标相同或近似的商标进行在先查询。

（1）查询目的。通过申请前的近似查询综合评估待注册商标的注册成功率。商标局每年都会受理大量的商标注册申请，大量的商标注册导致商标注册申请可能因为与已注册或正在申请中的商标构成近似的可能性大大增加，如果没有进行商标近似查询就提交注册申请，那么商标申请面临着可能因此被驳回的风险。如果商标注册申请被驳回，申请人一方面损失商标注册费，另一方面重新申请注册商标还需要时间，而且再次申请能否被核准注册仍然处于未知状态，耗时耗力。因此，申请人在申请注册商标之前应当进行商标近似查询，了解在先权利情况，根据查询结果调整申请的商标以减少不必要的损失。

（2）查询途径。商标查询前，要确定待查询商标以及查询类别。按照注册商标所核定使用的商品和服务项目，首先明确该内容属于最新版《类似商品和服务区分表》的哪一个类别，另外需要注意的是，查询商标有一定的滞后性，数据信息并非实时更新，只有经过形式审查的申请商标才能进入公开的商标数据库中，在形式审查中的商标信息因未正式进入商标数据库，任何人都查询不到，这是检索风险。目前有两种查询方式：

一种是付费查询，向商标局提交查询申请并付费请求查询，等待商标局受理申请后将查询结果书面告知申请人。此种方法需要付费，但查询结果精确。一般可通过委托在商标局备案的商标代理机构进行查询。

另一种是免费查询，即通过商标局在线查询系统自行查询，也是最普遍易行的方法，根据自己拟申请的商标内容，进入国家知识产权局商标局官网的商标查询页面，依次进行近似查询或综合查询，查看与拟申请商标是否有相同或近似的商标以及该商标的效力状态等，作出注册成功概率的判断。通过这种查询方式只能获得简单的检索结果，尤其是图像商标的查询，需要对图像要素准确把握，才能得出可靠的分析结果。

2. 准备阶段的文书材料。

（1）国内自然人直接办理商标注册申请时应当提交以下文件：按照规定填写打印的《商标注册申请书》并由申请人签字、商标图样、个体工商户营业执照复印件、自然人身份证复印件。农村承包经营户可以以其承包合同签约人的名义提出商标注册申请，商品和服务范围以其自营的农副产品为限。申请时应提交承包合同复印件。

（2）国内法人或者其他组织直接办理商标注册申请时应当提交以下文件：按照规定填写打印的《商标注册申请书》并加盖申请人公章、商标图样、身份证明文件复印件。申请人为国内法人或其他组织的，应当使用标注统一社会信用代码的身份证明文件。企业一般应提交营业执照，非企业可以提交《事业单位法人证书》《社会团体法人登记证书》《民办非企业单位登记证书》《基金会法人登记证书》《律师事务所执业许可证》等身份证明文件。

注意，期刊证、办学许可证、卫生许可证等不能作为申请人身份证明文件。

国内自然人、国内法人均还可以通过商标网上申请系统提交申请。

（3）外国人办理商标申请事宜应委托依法设立的商标代理机构办理。在中国有经常居所的外国人，可以自行办理。直接到商标注册大厅办理的，应提交以下文件：按照规定填写打印的《商标注册申请书》并由申请人签字、商标图样、申请人的身份证明文件复印件、公安部门颁发的《外国人永久居留证》或有效期一年以上《外国人居留许可》的复印件。在中国有经常居所的外国人，还可以通过商标网上申请系统提交申请。

（4）直接办理集体商标注册申请时，除提交按照规定填写打印的《商标注册申请书》并加盖申请人公章、商标图样、身份证明文件复印件（经申请人盖章确认）外，还应当提交集体商标使用管理规则、集体成员名单等。

（5）直接办理证明商标注册申请时，除提交按照规定填写打印的《商标注册申请书》并加盖申请人公章、商标图样、身份证明文件复印件（经申请人盖章确认）外，还应当提交证明商标使用管理规则，并应当详细说明其所具有的或者其委托的机构具有的专业技术人员、专业检测设备等情况，以表明其具有监督该证明商标所证明的特定商品品质的能力。

（6）办理地理标志注册申请除要提交集体商标、证明商标所需材料外，还应提交地理标志所表示地区的人民政府或者行业主管部门授权申请人申请注册并监督管理该地理标志的文件，有关该地理标志产品客观存在及信誉情况的证明材料并加盖出具证明材料部门的公章，地理标志所标示的地域范围划分的相关文件、材料，地理标志产品的特定品质受特定地域环境或人文因素决定的说明，地理标志申请人具备监督检测该地理标志能力的证明材料，外国人或者外国企业申请地理标志集体商标、证明商标注册的，应当提供该地理标志以其名义在其原属国受法律保护的证明。

3. 申请文书的递交途径。

国内的商标注册申请人办理商标注册申请有两种途径：一是自行办理；二是委托依法设立的商标代理机构办理。两种途径的主要区别是发生联系的方式、提交的书件、文件递交和送达方式稍有差别。在发生联系的方式方面，自行办理的，在办理过程中申请人与商标局直接发生联系；委托商标代理机构办理的，在办理过程中申请人通过商标代理机构与商标局发生联系，而不直接与商标局发生联系。

自行办理的，申请人应按规定提交相关书件；委托商标代理机构办理的，申请人除应提交的其他书件外，还应提交委托商标代理机构办理商标注册事宜的授权委托书。

文件递交方式：申请人自行办理的，由申请人或经办人直接将申请文件递交到商标局商标注册大厅（也可到商标局驻中关村国家自主创新示范区办事处，商标局在京外设立的商标审查协作中心，或者商标局委托地方工商和市场监管部门设立的商标受理窗口），申请人也可以通过网上申请系统提交；代理机构可以将申请文件直接递交、邮寄递交或通过快递企业递交商标局，也可以通过网上申请系统提交。

外国人或者外国企业在中国申请商标注册和办理其他商标事宜的，应当委托依法设立的商标代理机构办理。但在中国有经常居所或者营业所的外国人或外国企业，可以自行办理。

委托商标代理机构办理商标注册事宜的，应准备的书件和办理程序可以向商标代理机构咨询。

（五）驳回商标注册申请复审申请

商标经过形式审查与实质审查后，会有两种结果：一是商标局对受理的商标注册申请，依照商标法及本条例的有关规定进行审查，对符合规定或者在部分指定商品上使用商标的注册申请符合规定的，予以初步审定，并予以公告；二是审查不通过，对不符合规定或者在部分指定商品上使用商标的注册申请不符合规定的，予以驳回或者驳回在部分指定商品上使用商标的注册申请，书面通知申请人并说明理由。

商标驳回的官方文件为《商标驳回通知书》，商标驳回又分为全部驳回通知书和部分驳回通知书，通知书右上角标注商标局发文编号。

1. 商标驳回的法律依据。

商标驳回的理由主要有绝对理由和相对理由。

绝对理由是指商标不符合注册条件的合法性要求，违反《商标法》第 10 条的规定，以及不具有显著性，违反《商标法》第 11 条、第 12 条的规定。

相对理由是指注册申请商标与在先权利冲突，不具备新颖性。违反《商标法》第 30 条、第 31 条的规定。

2. 提交驳回复审申请的期限。

针对驳回申请，不予公告的商标，商标注册申请人不服的，必须在法定期限提出申请，即可以自收到通知之日起 15 日内向商标评审委员会申请复审。除此之外，还需要注意几个日期的掌握和运用。

（1）收到驳回通知书的日期。商标局或者商标评审委员会的各种文件，可以通过邮寄、直接递交、数据电文或者其他方式送达当事人；以数据电文方式送达当事人的，应当经当事人同意。当事人委托商标代理机构的，文件送达商标代理机构视为送达当事人。

商标局或者商标评审委员会向当事人送达各种文件的日期，邮寄的以当事人收到的邮戳日为准；邮戳日不清晰或者没有邮戳的，自文件发出之日起满15日视为送达当事人，但是当事人能够证明实际收到日的除外；直接递交的，以递交日为准；以数据电文方式送达的，自文件发出之日起满15日视为送达当事人，但是当事人能够证明文件进入其电子系统日期的除外。文件通过上述方式无法送达的，可以通过公告方式送达，自公告发布之日起满30日，该文件视为送达当事人。[1]

（2）提交驳回复审的日期。当事人向商标局或者商标评审委员会提交文件或者材料的日期，直接递交的，以递交日为准；邮寄的，以寄出的邮戳日为准；邮戳日不清晰或者没有邮戳的，以商标局或者商标评审委员会实际收到日为准，但是当事人能够提出实际邮戳日证据的除外。通过邮政企业以外的快递企业递交的，以快递企业收寄日为准；收寄日不明确的，以商标局或者商标评审委员会实际收到日为准，但是当事人能够提出实际收寄日证据的除外。以数据电文方式提交的，以进入商标局或者商标评审委员会电子系统的日期为准。

当事人向商标局或者商标评审委员会邮寄文件，应当使用给据邮件。

当事人向商标局或者商标评审委员会提交文件，以书面方式提交的，以商标局或者商标评审委员会所存档案记录为准；以数据电文方式提交的，以商标局或者商标评审委员会数据库记录为准，但是当事人确有证据证明商标局或者商标评审委员会档案、数据库记录有错误的除外。[2]

（3）补充证据材料日期。当事人需要在提出评审申请或者答辩后补充有关证据材料的，应当在申请书或者答辩书中声明，并自提交申请书或者答辩书之日起3个月内提交；期满未提交的，视为放弃补充有关证据材料。但是，在期满后生成或者当事人有其他正当理由未能在期满前提交的证据，在期满后提交的，商标评审委员会将证据交对方当事人并质证后可以采信。[3]

---

❶《商标法实施条例》第10条。

❷《商标法实施条例》第9条。

❸《商标法实施条例》第59条。

3. 驳回复审申请文件材料。

驳回复审申请提交的文件包括：

（1）驳回复审申请书（首页）；（2）评审材料目录；（3）驳回复审申请书（正文）；（4）商标代理委托书（如有委托）；（5）申请人的主体资格证明文件；（6）证据目录及证据材料。

中国商标网“商标申请”一栏有《驳回商标注册申请复审申请书》的文书样式及授权委托书的文本，可自行下载。

手续齐备并依法缴纳评审费用后，提交复审申请，进入程序。手续不齐备，退回申请书件限期补正。当事人需要补充证据、补正文件的期间以及因当事人更换需要重新答辩的期间不计入审限。商标评审委员会自收到申请之日起 9 个月内作出决定，特殊情况可以申请延长 3 个月。

商标评审委员会审理不服商标局驳回商标注册申请决定的复审案件，应当针对商标局的驳回决定和申请人申请复审的事实、理由、请求及评审时的事实状态进行审理。

商标评审委员会审理不服商标局驳回商标注册申请决定的复审案件，发现申请注册的商标有违反商标法第 10 条、第 11 条、第 12 条和第 16 条第 1 款规定情形，商标局并未依据上述条款作出驳回决定的，可以依据上述条款作出驳回申请的复审决定。商标评审委员会作出复审决定前应当听取申请人的意见。以上就是驳回商标注册申请复审请求的流程及法律文书的内容。（见图 3-6 驳回商标注册申请复审请求的流程）。

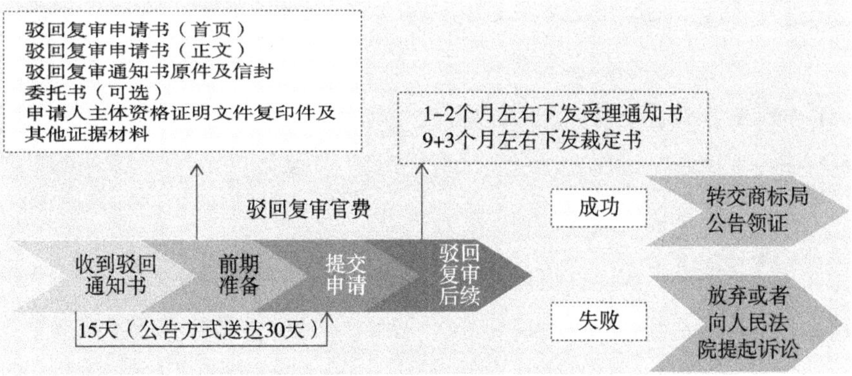

图 3-6　驳回商标注册申请复审请求的流程

4. 驳回商标注册申请复审申请书的填写。

申请书应当载明下列事项：（1）申请人的名称、通信地址、联系人和联系电话。评审申请有被申请人的，应当载明被申请人的名称和地址。委托商标代理机构办理商标评审事宜的，还应当载明商标代理机构的名称、地址、联系人和联系电话。(2) 评审商标及其申请号或者初步审定号、注册号和刊登该商标的“商标公告”的期号。(3) 明确的评审请求和所依据的事实、理由及法律依据。

其中，就事实与理由部分的撰写需要一定的文书内容制作技能，这不仅需要掌握相关的法律知识，也需要在具体工作实践中慢慢积累和研磨。通常来讲，针对绝对理由驳回的复审申请理由包括：取得官方授权，获得政府同意，有明确含义，特殊含义，没有不良影响，不会误导公众，经过使用已经获得显著性特征。(注意：以上理由只是理由，但要形成证据支持，需要有公证认证。) 针对相对理由驳回的复审申请理由包括：商品服务不类似和商标不近似——提交使用证据引证商标不构成阻挡——与在先使用人达成协议，提交共存协议同意书。申请暂缓审理。(引证商标存在异议、撤销、无效宣告等事实)。事实与理由的部分的撰写既是写作能力的体现，也是作为商标代理人需要掌握的基本业务能力之一。行文体例参考如下。

1. 说清来由 (承上启下)

例如：申请人于 ×××× 年 ×× 月 ×× 日，向商标局申请注册“××”商标，申请号：××,指定商品 / 服务类别：× 类。

但国家商标局受理后，于 ×××× 年 ×× 月 ×× 日第 × 号通知书引证 × 公司注册的第 ××× 号商标近似，驳回了申请人的商标申请。

申请人于 ×××× 年 ×× 月 ×× 日收到驳回通知书，对此裁定不服，根据《中华人民共和国商标法》第三十四条之规定，特向贵委员会申请复审。

2. 陈述理由

(1) 申请商标与引证商标不近似。(详细辨析)

(2) 申请商标有在先使用。(提供相应证据材料支持)

(3) 申请商标有明显区别含义。(论述合理，不牵强)

3. 综上所述 (再次强调)

综上所述，申请人商标与引证商标在组成要素、含义、图形的构图及整体外观等各个方面均有重大差异，不会使相关公众对申请人商品的来源产生误认，也不会使相关公众认为申请人的商品来源与引证商标的商品有特定的联系，且在实际应用过程中该商标已被相关公众所接受，未发生误认的情况，为此，特恳求评审委员会撤销商标局驳回我公司商标注册申请的决定，准予我公司商标注册。

实训二

【素材 1】A 店张老板多年来一直销售儿童玩具，因为该店张老板心灵手巧，自制木质玩具很受欢迎，在地方上也成了名人，大家给他起了绰号“木头张”，只要提起这个绰号，十里八乡都知道。张老板经人提醒，觉得把这个绰号注册为自己玩具的商标是个好主意，于是找到城里一家商标事务所咨询商标注册的有关事宜。如果你是商标事务所的工作人员，在接待张老板时，他提出以下问题，请依据商标法的有关知识予以解答。

【思考题】结合以上背景内容思考并完成以下问题：

（1）注册商标应具备哪些条件？

（2）“木头张”能不能注册成为该店商标？为什么？“木头玩具”能不能注册成为该店商标？为什么？

（3）出售玩具必须注册商标吗？为什么？

（4）注册商标需要提交哪些申请文件？

（5）阐述商标注册的整个流程。

（6）商标注册过程中的形式审查和实质审查分别审什么？

（7）注册商标对经营有哪些好处？

【素材 2】某企业欲注册“甜蜜时光”商标，注册指定商品为西点、烘焙、蛋糕类。

【任务】请结合所学内容，制作一份商标注册申请的工作项目流程方案。经过商标相同或近似判断后，给出答案。若该商标可以注册，请提交相应的商标注册申请文书。若不可注册，请提供其他选择方案。

【素材 3】北京某某艺苑文化艺术发展有限公司申请注册第 35 类下的“广告宣传；计算机网络上的在线广告；为零售目的在通信媒体上展示商品、拍卖、替他人推销；市场营销”等服务项目上申请注册的申请号为 13864152 号商标（见图 3-7）。国家商标局发文编号为 ZC8048562BH1 号的商标驳回通知书，驳回理由：商标图形部分与某公司在类似商品上已注册的第 3526162 号“莲花”（见图 3-8）商标及图形近似。特委托某知识产权代理有限公司提出驳回商标复审申请。

图 3-7　申请注册商标

图 3-8　引证商标

【任务】根据以上信息，为该公司准备驳回注册商标复审申请书，并针对事实与理由部分进行写作练习。

理由部分提纲参考：

（1）申请商标与引证商标有明显的区别，并不构成近似商标；

（2）申请商标具有《商标法》规定的独特性和显著性；

（3）申请商标通过大力广告宣传已被消费者所认可，且具有很高的商业价值。

【素材4】[1]成都某贸易有限公司于2014年7月9日提出商标注册申请（申请商标见图3-9）。指定使用在第24类“浴巾、纺织品毛巾、纺织品洗脸巾、搓澡巾、纺织织物、被子、床单（纺织品）、纺织纤维织物、毛巾被、纺织品手帕”商品上。商标局以申请商标“心满意竹”是对成语“心满意足”的不规范使用，容易误导中小学生对语言文字的认知，造成不良的社会影响，违反《商标法》第10条第1款第8项的规定为由驳回其注册申请。2015年4月29日，申请人不服商标局的驳回决定，依法向商标评审委员会提出复审申请。

商标评审委员会经审理认为，申请商标“心满意竹 HEART SATISFYING BAMBOO”中的“心满意竹”由成语“心满意足”变化而成，将其中“足”易为“竹”，在成语构成、读音等方面均相近，作为商标使用在指定的“浴巾”等常用商品上，易使公众尤其是青少年对规范成语的认知产生误导，扰乱了规范成语的使用秩序，从而判定具有不良社会影响，违反了《商标法》第10条第1款第8项之规定。

申请人则认为，申请商标易于区分，且有英文加以说明，与成语“心满意足”区别较大，不易误导公众对成语使用的认知，未造成不良影响。

申请商标经宣传使用已在国内外具有一定知名度，且商标局已初步审定有该商标其他类别的商品，故申请人认为申请商标在第27类商品上应当予以核准注册。

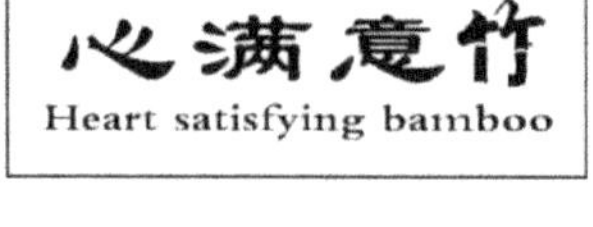

图3-9 心满意竹商标

【思考题】

1. 该案的争议焦点问题是什么？

2. 你认为“心满意竹”商标是否为不良影响商标？可以从哪些方面来考虑？

[1] 摘编自国家知识产权局商标评审委员会 http://spw.samr.gov.cn/alpx/201901/t20190110_280190.html。

二、商标监测实务

商标监测主要是针对商标在使用过程中的监督和管理，这对于企业进行有效的商标维护有着重要意义。商标监测业务主要包括商标异议和商标无效宣告。

（一）商标异议

1. 商标异议的概念。

商标异议是指自然人、法人或者其他组织在法定期限内对商标注册申请人经商标局初步审定并刊登公告的商标提出不同意见，请求商标局撤销对该商标的初步审定，由商标局依法作出准予注册或不予注册决定的制度。提出异议的一方为异议人，商标注册申请人为被异议人，该初步审定商标为被异议商标。

2. 商标异议制度的意义。

（1）保护在先权利人、利害关系人的利益；

（2）维护社会公众利益和公序良俗；

（3）有利于社会公众对商标审查工作进行监督；

（4）能够有效遏制恶意异议，有效维护在先权利人的合法权益，营造了良好的市场竞争秩序，异议程序维护各类在先权利的救济功能得到充分发挥。

3. 商标异议的提出。

现行《商标法》对异议理由进行区分和限定，回归了异议制度的权利救济初衷，以此遏制异议投机行为。在先权利人或利害关系人可以基于以下理由提出异议：

（1）《商标法》第 13 条第 2 款、第 3 款：驰名商标保护；

（2）《商标法》第 15 条：防止因代理关系、代表关系或其他合同、业务关系导致商标被抢注；

（3）《商标法》第 16 条第 1 款：地理标志保护；

（4）《商标法》第 30 条：在先商标权保护；

（5）《商标法》第 31 条：商标同日申请；

（6）《商标法》第 32 条：禁止损害各种在先权利，禁止抢先注册他人已使用并有一定影响的商标。

在先权利是指在系争商标申请注册日之前已经取得的除商标权以外的其他权利。主要包括字号权、著作权、外观设计专利权、姓名权、肖像权以及应予保护的其他合法在先权益。在商标异议、不予注册复审及无效宣告案件审理中，会涉及在先权利保护问题。《商标法》第32条所指的“现有”一般应当以系争商标申请注册日为时间点，确定在先权利是否形成，是否仍处于合法状态，但如果在先权利在案件审理时已不存在的，则一般不影响系争商标的注册。

在认定利害关系人时，利害关系的范围不宜过小或过大，应在保障异议权和防止滥用异议权之间取得平衡，还需考虑举证上的可行性和便利性。例如，在先商标权的利害关系人包括但不限于：合法继承人、被许可使用人、受让人、与商标专用权人有投资关系或监管关系的人、商标质权人等。申请人为利害关系人的，应当提交证明其与所主张的在先权利存在直接利害关系的文件，例如许可使用合同、代理合同、经销合同、特许经营合同、转让合同、委托创作合同、经纪合同、出资证明、权利转让受理通知书、地理标志所标示地区的相关经营者证明等。

4. 商标异议的受理条件。

商标局收到商标异议申请书后，经审查，符合受理条件的，予以受理，向申请人发出受理通知书。商标异议受理条件包括以下几点：

（1）有明确的被异议商标。

1）准确有效的商标初审信息。异议申请书中有明确的“商标注册号”。

2）异议申请书、异议理由书、委托书、初审公告中被异议商标信息一致。异议申请书是最核心的意思表示。异议程序依申请人的申请而启动，申请书包含了申请人的意思表示，若没有此意思表示存在，该申请便不可能引发异议程序的启动，也就是说申请人应对其提交申请的正确性和完整性负全部责任。

（2）在法定异议期限内提出。

1）《商标法》第33条规定，在先权利人、利害关系人对初步审定公告的商标违反法律的相关规定的，自公告之日起3个月内可以向商标局提出异议申请。

2）《商标法实施条例》第9条、第12条：规定了异议人向商标局递交商标异议材料时法定期限的计算方式。

3）被异议商标未经商标局初审公告或者初审公告期满的均不能提出异议。

（3）异议人的主体资格适格。《商标法》修改后对异议申请人的主体资格进行了限制，这一变化是对商标异议程序尤其是商标异议申请的形式审查做出的一项重大调整。《商标法》第33条规定了提起商标异议的绝对理由和相对理由条款。绝对理由是指在商标异议阶段“任何人”对于违反《商标法》的第10条至12条可以提出异议申请。相对理由是指在商标异议阶段，“在先权利人、利害关系人”针对违反《商标法》第13条第2款和第3款、第15条、第16条第1款、第30条、第

31 条、第 32 条的规定，可以提出异议申请。

《商标法实施条例》第 26 条第 2 款：商标异议申请人主体资格、异议理由不符合商标法第 33 条规定的，商标局不予受理，书面通知申请人并说明理由。因此，异议人以相对理由提出异议申请，不仅要提交作为在先权利人或利害关系人的证明，而且该证明文件应当能初步证明异议人具备在先权利或利害关系。

（4）异议理由符合法律规定。商标局审查时，严格遵守《商标法》第 33 条的规定，不突破文义解释。《商标法》第 7 条、第 44 条以及《反不正当竞争法》等不是法定异议理由。《商标法》第 33 条规定："对初步审定公告的商标，自公告之日起 3 个月内，在先权利人、利害关系人认为违反本法第 13 条第 2 款和第 3 款、第 15 条、第 16 条第 1 款、第 30 条、第 31 条、第 32 条规定的，或者任何人认为违反本法第 4 条、第 10 条、第 11 条、第 12 条、第 19 条第 4 款规定的，可以向商标局提出异议。"上述条款旨在限制异议范围，明确异议程序定位。该条款无论从立法本意还是从文义解释来看，都是封闭列举，当事人不能类推或参照援引商标法的其他条款或其他法律来提出异议。对超出该条规定范围以外的争议，应由其他程序解决。

（5）有明确的事实依据。异议人应当在异议申请中对异议理由和事实依据进行明确阐述，提出自己的意见。异议申请应当明确相关在先权利或利害关系的信息，包括但不限于权利类型、权利主体、权利客体等，并提交有关证明文件。异议申请中仅援引有关法律条款，但未对理由和事实依据进行明确阐述的，不能视为具备明确的异议理由和事实依据。注意：即使主张绝对理由也必须有明确的事实依据。不可以仅是简单堆砌条款。

（6）异议申请材料的形式要件符合法律规定。《商标法实施条例》第 24 条规定：对商标局初步审定予以公告的商标提出异议的，异议人应当向商标局提交下列商标异议材料一式两份并标明正、副本：

1）商标异议申请书。商标异议申请书应当有明确的请求和事实依据，并附送有关证据材料；异议申请书应使用商标局的固定书式，并按要求规范填写。

2）异议人的身份及资格证明文件。

3）以违反商标法第 13 条第 2 款和第 3 款、第 15 条、第 16 条第 1 款、第 30 条、第 31 条、第 32 条规定为由提出异议的，异议人作为在先权利人或者利害关系人的证明。

4）被异议商标的初审公告文件复印件。

5）证据目录及补充证据材料。

5. 异议申请不予受理的主要情形。

异议申请不予受理的法律依据是《商标法》第 33 条以及《商标法实施条例》第 14 条、第 18 条、第 24 条、第 26 条。异议申请不予受理的主要原因包括：

（1）申请人主体资格、异议理由不符合商标法第 33 条规定的。

（2）无明确的异议理由、事实和法律依据的。

（3）未在法定期限内提出的。

（4）未缴纳费用的。

（5）期满未补正的或者不按照要求进行补正的。

6. 被异议人答辩。

经过形式审查后，商标局会对符合受理条件的异议申请发出受理通知书，并将异议申请书副本送达被异议人，要求被异议人在收到异议答辩通知书副本之日起 30 天内，向商标局提交书面答辩理由和相应证据材料。在提交答辩后可在 3 个月内补充有关证据材料。

答辩所需材料包括（按顺序装订）：

（1）异议答辩书。

（2）商标代理委托书（若有委托代理）。

（3）被异议商标初步审定公告页复印件。

（4）答辩人的主体资格证明文件。

（5）商标局异议通知书原件及商标局寄送异议通知书的信封。

（二）商标的无效宣告

由于申请人或商标注册机关等多方面的原因，部分不具备注册条件的商标可能会被允许合法注册。注册商标的无效宣告是弥补商标注册工作失误的一项重要制度。无效宣告程序与注册商标的撤销程序均可导致注册商标不再有商标权的结果，但前者通常导致被撤销的商标权自始无效，后者是导致被撤销的注册商标从撤销之日起丧失商标权。

1. 商标无效宣告的依据和类型。

商标无效宣告程序主要针对的是已经注册的商标。注册商标无效宣告主要有两类：基于绝对理由引起的争议商标以及相对理由引起的争议商标。

（1）注册商标不涉及侵害他人民事权益情形下的无效宣告。已经注册的商标，违反《商标法》第 4 条、第 10 条、第 11 条、第 12 条、第 19 条第 4 款规定的，或者是以欺骗手段或者其他不正当手段取得注册的，由商标局宣告该注册商标无效；其他单位或者个人可以请求商标评审委员会宣告该注册商标无效。

（2）注册商标侵害他人民事权益情形下的无效宣告。已经注册的商标，违反《商标法》第13条第2款和第3款、第15条、第16条第1款、第30条、第31条、第32条规定的，自商标注册之日起5年内，在先权利人或者利害关系人可以请求商标评审委员会宣告该注册商标无效。对恶意注册的，驰名商标所有人不受5年的时间限制。

2. 司法审查。

商标评审委员会在对涉及侵害他人民事权益情形下的无效宣告请求进行审查的过程中，所涉及的在先权利的确定必须以人民法院正在审理或者行政机关正在处理的另一案件的结果为依据的，可以中止审查。中止原因消除后，应当恢复审查程序。商标评审委员会作出维持或者宣告注册商标无效的裁定后，应当书面通知有关当事人。当事人对商标评审委员会的裁定不服的，可以自收到通知之日起30日内向人民法院起诉。人民法院应当通知商标裁定程序的对方当事人作为第三人参加诉讼。

3. 注册商标宣告无效的法律后果。

注册商标被无效宣告的，其商标权视为自始不存在。所谓自始不存在，是指一开始就没有存在过。商标被宣告无效后，商标专有权在法律上被视为从来不曾存在过。但是，对于商标无效宣告前的下列事项不具有追溯力：一是人民法院作出并已执行的商标侵权案件的判决、裁定、调解书；二是行政管理部门做出并已执行的商标侵权案件的处理决定；三是已经履行的商标转让合同；四是已经履行的商标使用许可合同。宣告注册商标无效的决定或裁定对于上述四类事项不具有追溯效力，已经执行的，不得以注册商标已经被宣告无效为由，要求恢复原状。但是因商标注册人的恶意而导致他人损失的，则应当给予赔偿。对于上述四种情形，已经支付商标侵权赔偿金、商标转让费、商标使用费的，如果不予返还，会明显有失公平的，则应当予以全部或部分返还。[1]

4. 注册商标无效宣告的形式审查。

商标评审委员会针对提出的商标无效宣告材料进行的评审，核查提交的申请书及有关材料是否符合规定，超过受理范围的，一律不予受理。

---

[1] 参见《商标法》第47条。

（1）主体资格审查。

1）审查申请人是否是适格主体。依照《商标法》第44条第1款，任何组织和人都可以提起注册商标无效宣告；依照《商标法》第45条第1款，在先权利人或者利害关系人可以提起注册商标无效宣告。

2）审查申请人是否提交主体资格证明。值得注意的是，提交的营业执照复印件是要加盖公章的；身份证要复印清晰。

3）评审商标发生转让、移转或变更，已向商标局提出申请但尚未核准公告的，应当在申请中提交相关证明，目的在于解释为什么主体字不一样，同时，要附上变更或转让申请复印件以及当地工商部门变更证明复印件。

4）共有商标的当事人或共同申请人提出商标评审申请。此种情况应当在申请书中指定一个代表人，不要把几个共同人都写上。如果共同申请人都写上了，以申请书顺序排列的第一个人为代表人。在申请书（首页）申请人以及联系人栏目中只填写代表人的名称、通信地址以及联系人和联系电话，其他当事人应在所附材料中写明。代表人发生变更时须有被代表的当事人书面授权。

（2）提出无效宣告案件的期限审查。

1）国内注册无效宣告案件。依照《商标法》第44条第1款提出无效宣告申请的，不受时限限制；依照《商标法》第45条第1款提出无效宣告申请的，应于争议商标注册之日起5年内提出申请，无效宣告请求理由涉及驰名商标的，不受时限限制。

2）国际注册无效宣告的案件。申请宣告国际注册商标无效的，应当自该商标国际注册申请的驳回期限届满后向商标评审委员会提出申请；驳回期限届满时，仍处在驳回复审或者异议相关程序的，应当自商标局或者商标评审委员会作出的准予注册决定生效后，向商标评审委员会提出申请。

（3）申请书及有关材料审查。

1）应正确填写《注册商标无效宣告申请书》。申请人所提出的“评审请求”应符合商标评审委员会的评审范围。申请人在阐述“事实与理由”时应写明有关事实所依据的证据和法律规定。书写内容应当翔实充分，申请书正文与申请书首页一并提交，同时应按照对方当事人的数量提交相应的副本。

2）证据材料和实务证据。根据规定，申请人应提供证据材料原件和复印件，准备好证据目录清单，写明证据的名称、来源以及待证事实。

3）提供真实有效的申请人身份资料。

4）申请人需要在提出商标无效宣告后补充有关证据材料的，应当在申请书中声明，并自提交申请书之日起三个月内提交与申请书相同份数的证据材料；未在申请书中声明或者期满未提交的，视为放弃有关证据材料。

5）按时缴纳评审费，答辩方不需要缴费。

（4）注册商标无效宣告答辩。

1）答辩期限。《商标法实施条例》第58条规定，商标评审委员会受理商标评审申请后应当及时将申请书副本送交对方当事人，限其自收到申请书副本之日起30日内答辩；期满未答辩的，不影响商标评审委员会的评审。

《商标评审规则》第21条第1款规定，评审申请有被申请人的，商标评审委员会受理后，应当及时将申请书副本及有关证据材料送达被申请人。被申请人应当自收到申请材料之日起30日内向商标评审委员会提交答辩书及其副本；未在规定期限内答辩的，不影响商标评审委员会的评审。

2）答辩通知书送达规则。

送达对象：争议商标所有人（包括申请取得和转让取得）。

送达次序：争议商标所有人非外国人或外国企业的，直接送达给本人；争议商标所有人为外国人或外国企业的，送达给指定的国内接收人，其次送达给最后一个申请办理该商标事宜的代理机构。

3）证据交换。《商标评审规则》第23条第2款规定，对当事人在法定期限内提供的证据材料，有对方当事人的，商标评审委员会应当将该证据材料副本送达给对方当事人。当事人应当在收到证据材料副本之日起30日内进行质证。

4）商标无效宣告答辩应提交的材料包括（按顺序装订）：

《注册商标争议答辩书》；答辩材料目录；商标代理委托书（若有委托）；争议初步审定公告页和注册公告页复印件；证据目录及证据材料等。

（三）商标权的消灭

商标权的消灭，是指注册商标权利人所享有的商标权在一定条件下丧失，不再受法律保护。商标权因注册商标被注销或者被撤销而消灭。

1. 注册商标的撤销。

注册商标的撤销是商标局对违法使用商标的注册人依法强制取消已经注册的商标的一种强制性法律措施，也是违法者应当承担的行政法律责任。商标注册人负有规范使用和连续使用注册商标并积极维护注册商标显著性的法定义务。《商标法》禁止自行改变注册商标、自行改变注册商标的注册人名义、地址或者其他注册事项等行为。

对商标局撤销注册商标的决定，当事人不服的，可以自收到通知之日起 15 日内向商标评审委员会申请复审，由商标评审委员会在 9 个月内作出决定，并书面通知申请人。有特殊情况需要延长的，经国务院工商行政管理部门批准，可以延长 3 个月。当事人对商标评审委员会的决定不服的，可以自收到通知之日起 30 日内向人民法院起诉。

2. 注册商标的撤销主要有以下几类：

（1）违法改正撤销。

商标注册人在使用注册商标的过程中，自行改变注册商标、注册人名义、地址或者其他注册事项的，由地方工商行政管理部门责令限期改正；期满不改正的，由商标局撤销其注册商标。商标权自商标局的撤销决定作出之日起终止。

（2）直接撤销。

1）注册商标成为其核定使用的商品的通用名称被撤销。申请人对于这种情况通常会依据《商标法》第 11 条，以核准使用的注册商标缺乏显著性为由提出撤销申请。商标名称通用化后会削弱商标的显著性，这种削弱最终会导致消费者误认为是某种商品。

2）连续三年不使用被撤销。我国《商标法》第 49 条规定，注册商标没有正当理由连续三年不使用的，任何单位或者个人可以向商标局申请撤销该注册商标，也就是商标实务中常说的“撤三”制度。连续三年不使用注册商标，是指一个注册商标在其有效期内不使用，且该状态不间断地持续三年以上。连续三年不使用注册商标的时间起算，应当自申请人向商标局申请撤销该注册商标之日起，向前推算三年。该立法目的在于督促商标注册人合法有效使用商标，客观上起到清理闲置商标、遏制恶意注册、维护公平竞争秩序的目的，可在一定程度上抑制“注而不用”，遏制滥用注册商标专用权谋取不正当利益的行为。

3. 注册商标的注销。

注册商标的注销是指商标局基于法定原因行使职权而使商标专用权归于消灭的行为。

（1）主动注销。商标注册人自愿放弃商标权，并申请注销其注册商标或者注销其商标在部分指定商品上的注册的，应当到商标局办理注册商标的注销手续。

商标注册人申请注销其注册商标或者注销其商标在部分指定商品上的注册，经商标局核准注销的，该注册商标专用权或者该注册商标专用权在该部分指定商品上的效力自商标局收到其注销申请之日终止。申请注销注册商标无须缴纳规费。

（2）未续展注销。注册商标到期后，若没有在法定时间内提出商标续展申请或续展申请没有获得批准，则该注册商标权自有效期届满之日起丧失。未续展注销不需要提交任何法律申请文书。

（3）商标注册人消亡，对于自然人而言在法律规定的期限内无人要求继续注册商标的；对于企业而言，若不存在企业合并的情况，商标局将注销其注册商标。若有合法继承人，其合法继承人申请也可以注销商标权。在实践中为避免无主商标占用注册簿，《商标法实施条例》第 47 条规定，商标注册人死亡或者终止，自死亡或者终止之日起 1 年期满，该注册商标没有办理转移手续的，任何人可以向商标局申请注销该注册商标。提出注销申请的，应当提交有关该商标注册人死亡或者终止的证据。注册商标因商标注册人死亡或者终止而被注销的，该注册商标专用权自商标注册人死亡或者终止之日起终止。

实训三

【素材 1】第 9921626 号“UP ZARA XDUDU'S KIDS”商标异议案。第 9921626 号“UP ZARA XDUDU'S KIDS”商标（以下称被异议商标）由陆某某 2011 年 9 月 2 日提出注册申请，指定使用在第 25 类服装等商品上。后某某诺纺织工业公司提出异议，主要理由为：申请人是全球著名的西班牙公司，“ZARA”商标是其主要商标标识，在全球包括中国有较高的知名度和影响力。被异议商标与申请人在先于第 25 类服装等商品上注册的第 1940860 号“ZARA”商标（以下称引证商标一）、国际注册第 752502 号“ZARA”商标（以下称引证商标二）、国际注册第 706681 号“ZARA BASIC”商标（以下称引证商标三）、国际注册第 834842 号“ZARA HOME”商标（以下称引证商标四）、国际注册第 626541 号“I ZARA 及图”商标（以下称引证商标五）构成使用在类似商品上的近似商标。请求依据《商标法》第 28 条等规定，不予核准被异议商标注册申请。

【任务】

（1）登录商标局官网，查询第 9921626 号“UP ZARA XDUDU'S KIDS”商标的详情。

（2）请站在“ZARA”商标所有人某某诺纺织工业公司的立场，完成商标异议申请书的制作。（申请书样式请到商标局官网自行下载）

【素材2】关于“百雀林 Baiquelin”商标无效宣告请求裁定书

被申请人于2015年4月27日向商标局提出注册“百雀林 Baiquelin”商标申请，并于2016年6月21日被核定使用在第25类服装、内衣等商品上，现为有效注册商标。申请人于2016年12月14日对“百雀林 Baiquelin”商标（以下称争议商标）提出无效宣告请求。

申请人的主要理由：一、争议商标与申请人在先注册的“百雀羚”商标“百雀林 Baiquelin 已构成使用在同一种或类似商品上的近似商标。二、“百雀羚”为申请人独创，并经过使用已具有很高的知名度，其“百雀羚”商标被认定为化妆品商品上的驰名商标，争议商标的申请注册已构成对申请人驰名商标的复制和模仿。三、争议商标的申请注册侵犯了申请人关联企业的在先商号权。四、争议商标本身具有很强的欺骗性，极易导致消费者对商品来源的混淆、误认。被申请人申请注册争议商标的行为具有恶意，违反了诚实信用原则，构成不正当竞争。综上，请求依据《商标法》的相关规定，宣告争议商标无效。

被申请人答辩的主要理由：一、争议商标与引证商标含义不同，二者未构成使用在同一种或类似商品上的近似商标，争议商标的注册和使用不会造成消费者混淆、误认。二、引证商标申请日晚于争议商标的申请日，争议商标未侵犯申请人的在先权利，申请人提交的证据不足以证明其商标经过使用已具有一定的影响。三、申请人称争议商标是对引证商标的复制摹仿，但未提交任何充分的证据加以证明。综上，申请人的理由均不成立，请求维持争议商标的注册。

经过审理查明，商标评审委员会认定以下问题：

一、争议商标核定使用的服装等商品与引证商标二核定使用的衣扣等商品、引证商标三核定使用的材料处理信息等服务不属于类似商品和服务，故争议商标与引证商标并存未构成《商标法》第30条所指的使用在同一种或类似商品和服务上的近似商标。

争议商标由汉字“百雀林”及对应拼音构成，其显著识别汉字“百雀林”与引证商标“百雀羚”在文字构成方式、呼叫等方面相近，已构成近似商标。争议商标核定使用的服装、内衣、围巾、腰带商品与引证商标核定使用的防水服、披肩、背带商品属于类似商品。争议商标与引证商标并存，易使消费者对二者商品的来源产生混淆误认，已构成《商标法》第30条所指的使用在同一种或类似商品上的近似商标。争议商标核定使用的婴儿全套衣、游泳衣、鞋、帽、袜、手套（服装）商品与引证商标核定使用的商品不属于类似商品，故在上述商品上，争议商标与引证商标一未构成《商标法》第30条所指的使用在同一种或类似商品上的近似商标。

二、本案中，虽然申请人提交的证据可以证明引证商标经使用在化妆品商品上具有一定知名度，但不足以证明于争议商标申请日之前在化妆品商品上已达到驰名程度。

三、申请人称争议商标的申请注册侵犯了其关联企业的商号权，并依据《商标法》第32条所指的“侵犯他人现有的在先权利”之规定主张权利。本案中，鉴于申请人并未提交证据证明申请人与上海百雀羚日用化学有限公司之间存在何种关联，故争议商标的注册未违反《商标法》第32条“不得损害他人现有的在先权利”（商号权）之规定。

综上，申请人无效宣告理由部分成立。

【任务】完成下列任务要求中的文书制作，注意答辩书的书写格式。

（1）阅读上述案例，根据申请人的申请理由，模拟被申请人撰写答辩书。

（2）制作答辩材料目录。

三、驰名商标及其认定

（一）驰名商标的概念

“驰名商标”(Well-known Trademark)又称周知商标，是国际通用的法律术语，指为相关公众广为知晓并具有较高声誉的商标。驰名商标是知识产权领域重要的法律概念。在国际上，《保护工业产权巴黎公约》和《与贸易有关的知识产权协议》（即TRIPS协议）都对驰名商标的保护进行了相关规定。我国的《商标法》及其实施条例以法律的形式明确了驰名商标认定和保护的问题。需要注意的是，我国《商标法》中没有“中国驰名商标”这一概念。实际上，迄今为止，国际社会对驰名商标也没有一个非常严谨的定义。

但是，根据《驰名商标认定和保护规定》第二条定义的“驰名商标是指在中国为相关公众广为知晓并享有较高声誉的商标”和《最高人民法院关于审理涉及驰名商标保护的民事纠纷案件应用法律若干问题的解释》关于“驰名商标是指在中国境内为相关公众广为知晓的商标”的定义，可知，驰名商标即在中国境内为相关公众广为知晓并享有较高声誉的商标，经依法认定为驰名商标的，在我国作为驰名商标依法得到扩大保护。

为了规范和加强驰名商标的市场使用，2013年《商标法》进行的第三次修改中，对商标的认定和保护做了进一步的完善。

（二）驰名商标的特征

由于驰名商标具有巨大的市场经济价值，所以其除一般商标所具有的特征外，还有其独特之处。

1. 驰名商标具有很高的市场知名度。由于驰名商标的产品或服务的品质稳定，企业商业信誉良好，在市场又通常享有比较好的口碑以及相对成熟的终端客户群体。所以，驰名商标的市场知名度会高于普通商标。

2. 驰名商标的企业文化背景深厚。通常驰名商标所有者的企业文化历史悠久，有较长的企业文化积淀，正是由于这种文化沉积，使得驰名商标的市场影响力高于普通商标。

3. 驰名商标的市场经济价值巨大。一枚驰名商标综合其市场知名度以及企业赋予其所承载的文化价值，使得驰名商标产生巨大的经济价值。

4. 驰名商标的保护机制特殊。已注册的驰名商标可以实行跨类保护；未注册的驰名商标可以禁止他人使用和注册；驰名商标的认定采取被动认定，而且必须由国家法律规定的机关来认定，通过民间组织或自封的驰名商标，没有任何法律效力。

（三）驰名商标的认定标准

1. 世界知识产权组织对驰名商标的认定标准。

随着经济全球化进程的加快，进一步加强对驰名商标的保护受到各国重视。在世界知识产权组织的主持下，保护工业产权巴黎联盟成员国各国专家先后六次专门讨论驰名商标的保护问题。世界知识产权组织商标、外观设计及地理名称常务委员会（SCT）在1999年6月7日至12日在瑞士日内瓦举行的第二次会议第二部分讨论时，形成了一个关于驰名商标保护建议的最终文本，即《关于驰名商标保护规定的联合建议》，该联合建议于当年9月由保护工业产权巴黎联盟及世界知识产权组织大会通过。该《联合建议》第2条对驰名商标的认定标准提出以下建议：

（1）在认定商标是否驰名时，对能据以推断该商标是否驰名的任何因素，主管机关均应予以考虑。

主管机关尤其应当考虑向其提交的含有能据以推断该商标驰名或不驰名的信息的因素，包括但不限于涉及以下信息的因素：

①该商标在相关公众中的了解或认知程度；

②该商标任何使用的持续时间、程度和地理范围；

③该商标任何宣传的持续时间、程度和地理范围，包括在交易会或展览会上对

使用该商标的商品或服务所做的广告、宣传和展示；

④能反映该商标使用或被认知程度的任何注册或任何注册申请的持续时间和地理范围；

⑤该商标成功实施商标权的记录，尤其是为主管机关认定驰名的程度；

⑥该商标的相关价值。

（2）明确了相关公众的范围。［相关公众］应当包括，但不限于：

①使用该商标的那类商品或服务的实际或潜在的消费者；

②使用该商标的那类商品或服务的营销渠道所涉及的人员；

③经营使用该商标的那类商品或服务的商业界人员。

如果一商标被某成员国认定至少为该国一个相关领域的公众所熟知，该商标应当被该成员国认定为驰名商标。

如果一商标被某成员国认定至少为该国一个相关领域的公众所知晓，该商标可以被该成员国认定为驰名商标。

即使一商标未在某成员国中为任何相关公众所熟知，或者未为适用《关于驰名商标保护规定的联合建议》第 2 条第 3 款的成员国中的任何相关公众所知晓，该成员国亦可将该商标认定为驰名商标。

（3）明确了不得要求的因素。［不得要求的因素］成员国不得将下列因素作为认定驰名商标的条件：

①该商标已在该成员国中使用，或获得注册，或提出注册申请；

②该商标在除该成员国以外的任何管辖范围内驰名，或获得注册，或提出注册申请；或该商标在该成员国的全体公众中驰名。

2. 我国对驰名商标的认定标准。

关于如何认定驰名商标，《商标法》第 14 条规定：驰名商标应当根据当事人的请求，作为处理涉及商标案件需要认定的事实进行认定。认定驰名商标应当考虑下列因素：（一）相关公众对该商标的知晓程度；（二）该商标使用的持续时间；（三）该商标的任何宣传工作的持续时间、程度和地理范围；（四）该商标作为驰名商标受保护的记录；（五）该商标驰名的其他因素。以上因素是构成驰名商标的基本条件，也是评价驰名商标的综合指标。但是，在具体实践中，并不是要求某商标必须全部达标，方可认定其为驰名商标，而是满足其中任一因素即可。总的来说，要认定某商标是否为驰名商标，要考虑的就是商标的显著性和知名度到底如何。

3. 驰名商标的认定机构。

根据我国《商标法》第14条第2款、第3款、第4款规定：在商标注册审查、工商行政管理部门查处商标违法案件过程中，当事人依照本法第13条规定主张权利的，商标局根据审查、处理案件的需要，可以对商标驰名情况作出认定。

在商标争议处理过程中，当事人依照本法第13条规定主张权利的，商标评审委员会根据处理案件的需要，可以对商标驰名情况作出认定。

在商标民事、行政案件审理过程中，当事人依照本法第13条规定主张权利的，最高人民法院指定的人民法院根据审理案件的需要，可以对商标驰名情况作出认定。

由上可知，驰名商标的认定采用被动认定、个案认定以及按需认定原则。所以，根据现行《商标法》的规定，商标局、商标评审委员会、人民法院依法在个案中认定商标是否驰名，因此不存在所谓的公示期。在商标个案争议中，根据当事人的请求和主张来进行认定。可以做出认定的机构包括：商标局、商标评审委员会以及人民法院。

4. 驰名商标认定材料。

根据《驰名商标认定与保护规定》第3条的规定，以下材料可以作为证明商标驰名的证据材料：

1）证明相关公众对该商标知晓程度的有关材料；

2）证明该商标使用持续时间的有关材料，包括该商标使用、注册的历史和范围的有关材料；

3）证明该商标的任何宣传工作的持续时间、程度和地理范围的有关材料，包括广告宣传和促销活动的方式、地域范围、宣传媒体的种类以及广告投放量等有关材料；

4）证明该商标作为驰名商标受保护记录的有关材料，包括该商标曾在中国或者其他国家和地区作为驰名商标受保护的有关材料；

5）证明该商标驰名的其他证据材料，包括使用该商标的主要商品近三年的产量、销售量、销售收入、利税、销售区域等有关材料。

这里的部分材料一般可以通过权威的市场调研来提供数据和材料支撑。但是，我们通常建议一个企业的知识产权管理要实行规范化，在使用过程中注意使用痕迹的留存。所以，对于企业的商标管理而言，应当建立规范的使用管理档案，这样就有助于商标在伴随着企业成长的过程中留下完整的资料记载，在必要之时提供强有力的证据支持。

实训四

【素材】王大爷去商场购物，想要购买一套参加儿子婚礼时能穿的西服，结果到了商场，服务员各种介绍，服务员 A：“这是威 × 来品牌，国家知名商标，您就放心购买吧。”服务员 B：“大爷，我跟您说，这是名牌，您穿这个绝对够档次。”服务员 C：“这位大哥，您穿这身保准帅气，这是著名品牌，质量保证。”服务员 D：“先生，我们店里的衣服做工绝对过硬，这牌子您也听过，是国内驰名商标。”现在，王大爷犯了难，知名商标、名牌、著名商标、驰名商标？傻傻分不清楚，请根据所学内容解决以下问题。

【任务】

（1）辨析材料中出现的四个名词：知名商标、名牌、著名商标、驰名商标。

（2）查阅《商标法》，详述驰名商标的使用规范。

四、商标权的运用

商标权的运用是帮助商标实现市场价值的重要环节。商标权的运用主要包括注册商标的转让、许可使用以及商标权质押等内容。

（一）注册商标的转让

除自己使用之外，商标权人还可以将注册商标的使用权转让给他人，也就是“卖掉”注册商标，法律并不禁止。注册商标的转让是指注册商标所有人将其所有的注册商标（既享有的商标权）转让给他人所有。通过转让，受让人成为新的权利主体，原商标权人不再拥有注册商标所有权。商标权的转让实质是商标权主体的变更，是一种双方的法律行为。

商标交易使得商标权转让成为知识产权交易的一个组成部分。我国商标业务中商标注册申请量节节攀升的同时商标的转让申请业务也在急速增长。在允许自然人注册商标之前，商标转让大多是因为企业合并，企业倒闭等原因导致商标权利主体的更迭。但是自商标法允许自然人注册商标后，有一些个人开始违法囤标行为，先行注册商标，抢占资源，再适时兜售转让，使得商标转让成为一种投资手段。所以，如何遏制商标恶意注册，规范商标市场，也给行业各界带来新的课题。

1. 注册商标转让要件。

由于注册商标权的转让涉及多方主体的利益，因此注册商标的转让需要符合一定的要件。根据《商标法》第 42 条第 1 款和第 4 款以及《商标实施条例》第 31 条的规定，注册商标权的转让应当符合下列要求：

（1）转让程序是对商标权的一种处分程序，转让过程中要注意在先权利的问题。涉及的利益相关方包括：被许可人；在先转让未被核准的受让方；已签订协议但未提交转让申请的受让方；对商标权属的争议方；另外还要注意，是否存在权利瑕疵，例如，商标权是否存在法院查封、质押等权利限制。因此，转让注册商标的，转让人和受让人应当签订转让协议，在协议中明晰转让方和受让方的具体情况，明确商标权利归属，并共同向商标局提出申请。转让注册商标申请手续应当由转让人和受让人共同办理。商标局核准转让注册商标申请的，发给受让人相应证明，并予以公告。

（2）受让人应当保证使用该注册商标的商品质量。

（3）转让注册商标经核准后，予以公告。受让人自公告之日起享有商标专用权。通过合同转让方式转让注册商标的，不能认为签订商标转让合同时即商标权发生了转移。而是，应当在签订商标转让合同后，依法履行了规定的备案登记手续，向商标局提交转让申请书，经商标局核准公告后，转让行为才能生效。我国理论界一般认为，核准公告是注册商标转让合同的生效要件，实务上也是如此操作。有部分学者认为，此种做法过度限制了当事人的合同自由，不利于注册商标权的效率最大化利用。为了给注册商标权人提供更多选择机会，促进注册商标权的效率最大化利用，宜将核准公告作为注册商标权转移的要件而不是转让合同的生效要件。转让合同的生效，只要双方当事人达成书面合意即可。虽和注册商标权人签订转让合同但未办理申请、核准公告手续的当事人，只能追究注册商标权人债务不履行的违约责任。

（4）遵循“一并转让”原则，即在同一种或类似商品上注册的相同或者近似商标必须一并转让。未一并转让的，由商标局通知其限期改正；期满未改正的，视为放弃该转让注册商标的申请，商标局应当书面通知申请人。这是因为，如果转让人分割转让近似商标，而这些商标又属于同种或者类似商品，势必会造成不同产品的混淆和其他不良影响。所以，同理可知，对于联合商标，在商标转让中，必须一并转让。

（5）已经有在先权利限制的商标，不可随意转让。如果商标已经许可他人使用或者已经出质，除合同另有约定外，在许可期间或者质押期间，商标权人要将商标转让，必须征得在先权利人的同意。转让注册核准后，被许可人仍与受让人保持使用许可关系。

（6）连同转让原则。连同转让原则，是指商标注册人在转让注册商标时必须连同使用该注册商标的企业一并转让，而不能只转让注册商标。实行连同转让原则的国家认为，商标的本质功能是区别商品的来源，是一种识别标记，因此，商标与使用该商标的企业或企业的信誉密切相连，当注册商标与其所属的企业分离时，会引起消费者的误认，并导致该商标的商品质量下降。目前只有少数国家实行连同转让原则。

（7）自由转让原则。自由转让原则，是指注册商标人既可以把注册商标连同企业一起转让，也可以将注册商标与企业分离，单独转让其注册商标。实行自由转让原则的国家认为，商标权作为一种无形财产权，可以脱离企业经营而单独转让给其他企业。在商标权人将注册商标与企业经营分开转让时，受让人应当保证使用该注册商标的商品质量。我国《商标法》采用的是自由转让原则。

2. 商标转让的形式。

注册商标的转让一般有两种形式：一种是合同转让，转让人通过合同，规定转让注册商标的内容、相互间的权利、义务和违约责任等，这种形式的转让一般是有偿的，即转让人通过转让注册商标专用权而收取一定的转让费用。另一种是继受转让，注册商标的继受转让，又称其为商标的移转。主要有两种情况：（1）注册所有人（自然人）死亡即其生命结束后，由继承人按继承程序继承死者生前所有的注册商标。（2）作为注册商标所有人的企业被合并或被兼并时的继受移转。《商标法实施条例》第32条规定注册商标专用权因转让以外的继承等其他事由发生移转的，接受该注册商标专用权的当事人应当凭有关证明文件或者法律文书到商标局办理注册商标专用权移转手续。

3. 可转让商标的类型。

根据规定，可转让的商标包括：注册商标和注册申请中的商标。转让商标的状态应符合以下条件：

（1）注册商标应在有效期以内。对于处在续展宽展期的商标或尚未提交续展申请的商标不能办理转让。

（2）注册商标未被注销、撤销。

（3）注册商标未被人民法院冻结。

（4）注册商标未在商标局办理过质权登记。

（5）对于申请中的商标，需要确认该申请的申请流程是否已经结束，以下情形不能转让：全部驳回的决定已经生效的商标；裁定不予注册的异议裁定已经生效的商标。

（二）注册商标的许可使用

商标权的许可使用，是指商标权人通过签订使用许可合同，许可他人使用其注册商标的行为。在使用许可关系中，商标权人为许可人，获得注册商标使用权的人为被许可人。许可他人使用其注册商标，被许可人只取得了注册商标的使用权，注册商标的所有权仍归属于商标权人。商标许可使用是商标实现商业价值的一种重要方式，是商标权人的一项重要权利。通过商标的许可使用可以给商标权人带来丰厚的经济收入，也可以扩大品牌的市场影响力，有利于商标权人开拓品牌市场。因此，商标的许可使用制度，可以使商标在市场经济活动中更充分地展现其魅力和价值。

1. 商标权许可使用的方式。

商标许可使用通过以合同方式确立使用许可关系最为普遍。商标使用许可合同通常可以分为以下三种类型：

（1）独占使用许可。商标独占许可是指商标注册人在约定的期间、地域，以约定的方式，将该注册商标权许可一个被许可人使用，商标注册人依约定不得使用该注册商标。

独占使用许可的情况下，除了被许可人，谁都无权再使用，包括专利权人自己，是一种最严格的商标权许可方式。被许可人有绝对的独占使用权利，被许可人的商标使用权具有与商标注册人的商标专用权同等的法律地位。在发生商标专用权的侵权行为时，独占使用被许可人可以以自己的名义，向工商部门投诉或者向人民法院提起诉讼。

（2）排他使用许可。商标排他许可是指商标注册人在约定的期间、地域，以约定的方式，将该注册商标权许可一个被许可人使用，商标注册人依约定可以使用该注册商标。但是，商标注册人不得再将商标许可他人另行使用。当商标权利受到侵害时，排他使用许可合同的被许可人可以和商标注册人共同起诉，也可以在商标注册人明确不起诉的情况下，自行提起诉讼。

（3）普通使用许可。商标普通使用许可是最常见的一种许可方式，它是指商标注册人在约定的期间、地域和以约定的方式，将该注册商标权许可他人使用，并可自行使用该注册商标和许可第三人使用其注册商标。在商标的普通许可模式下，商标权人准许使用者使用特定商标，但并不承诺只授权一个使用者，当商标权利受到侵害时，普通使用许可合同的被许可人经商标注册人明确授权后才可以提起诉讼。

根据《最高人民法院关于审理商标民事纠纷案件适用法律若干问题的解释》第

4条的规定可知，在商标许可使用民事法律活动中，主体包括注册商标使用许可合同的被许可人、注册商标财产权利的合法继承人等。不同的许可方式，会导致被许可人在发生注册商标专用权被侵害时的诉讼地位的不同。独占使用许可合同的被许可人可以向人民法院直接提起诉讼；排他使用许可合同的被许可人可以和商标注册人共同起诉，也可以在商标注册人不起诉的情况下，自行提起诉讼；普通使用许可合同的被许可人必须经商标注册人明确授权，方才可以提起诉讼。

2. 商标使用许可合同备案效力。

根据规定，商标使用许可人应当在许可合同有效期内向商标局备案并报送备案材料。商标使用许可合同的备案目的，是通过公示商标许可的信息，包括许可范围及被许可人信息，从而赋予被许可人对抗第三人的效力，同时也有助于被许可人避免因商标注册人随意处分注册商标或重复许可他人使用而带来的损失。虽然，商标使用许可合同未经备案的，不影响该许可合同的效力，但当事人另有约定的除外。商标使用许可合同未在商标局备案的，不得对抗善意第三人。在这里善意第三人包括：商标受让人、商标质权人、商标被许可人以及商标继受人。

另外需要注意的是，注册商标的转让不影响转让前已经生效的商标使用许可合同的效力，但商标使用许可合同另有约定的除外。

3. 商标使用许可期限。

在签订商标使用许可合同时，被许可人应充分考查许可商标的注册情况，被许可商标应处于有效期内，且许可时间不可超过商标的剩余有效期。比如说，一个商标注册时间是2015年，在2018年要进行使用许可授权，因商标的一次注册有效期间为10年，则该商标的合同许可时间不可超过7年。

4. 当事人的主要权利和义务。

在商标使用许可合同条款中应明确法律规定的当事人双方的权利和义务，根据《商标法》第43条规定，商标注册人可以通过签订商标使用许可合同，许可他人使用其注册商标。许可人应当监督被许可人使用其注册商标的商品质量。被许可人应当保证使用该注册商标的商品质量。经许可使用他人注册商标的，必须在使用该注册商标的商品上标明被许可人的名称和商品产地。该条款明确划分了当事人双方对商品质量所负有的责任。主要内容包括以下内容。

（1）许可人的权利和义务。

对于许可人来说，商标质量控制就是监督被许可人的品牌使用情况，其既是一项权利，又是一项义务。许可他人使用商标意味着把品牌的商业名誉赋予被许可人，然后消费者通过品牌慕名而来，成为市场终端用户。因此，许可人不可推卸的义务就是保障被许可人的商品质量。要实现对被许可人的质量监控，则要通过对被许可人各方面的综合考量来完成，也既是行使权利的过程。许可人应对被许可人的法人资格、生产能力、经营管理、产品质量等行进综合考察和测评，未达到品牌标准的，则不能授予其商标使用权。

（2）被许可人的权利义务。

对于被许可人而言，要实现质量控制就需要遵循被许可义务，保证商品质量，保证不出现因质量问题或因商标不当使用而给许可人造成利益损害。被许可人的产品若达不到许可使用的商标商品质量，许可人有权终止合同，收回商标许可使用权。当然，若被许可人一直良善经营，达到产品要求，其合法使用行为也就是其权利的实现。

（三）商标权的质押

随着知识产权法律地位的确立，无形资产作为企业发展的重要资产，其作用已越来越为广大企业及社会各界所重视，以商标权、专利等无形资产进行质押融资的工作开展得如火如荼。商标权权利质押的实现，发挥了商标专用权无形资产的价值，促进了市场经济的发展。商标权质押是一种权利质权，主要是指商标权人将其注册商标向金融机构出质，用来贷款融资的一种法律行为。

谈到商标权质押，在这里我们需要适当了解一下担保物权的内容。担保物权，即物保，相较于人保和金钱担保而言是最复杂的一种担保方式。物保包括抵押权、质押权、留置权。担保物权具有担保的作用，以实现价值交换。其中，质押权是指为担保债权的履行，债务人或第三人将其动产或权利移交债权人占有，以成立的担保物权。权利也就是质权的标的，也称为权利质权，所以商标权可以实现权利质押。

1. 商标权质押合同登记备案效力。

根据《民法典》第440条的规定以及《注册商标专用权质押登记程序规定》第2条“自然人、法人或者其他组织以其注册商标专用权出质的，出质人与质权人应当订立书面合同，并向国家知识产权局办理质权登记。质权登记申请应由质权人和出质人共同提出。”可知，对商标专用权的出质，出质人与债权人应当订立书面合同。出质人与债权人订立书面质押合同之后，该质押合同不当然生效，还需要向管理机关办理出质登记，质权自办理出质登记时设立，质押合同自登记之日起生效。这里的“管理机关”是指商标专用权的管理机关。具体地说，依照《商标法》第2条的规定，国务院工商行政管理部门商标局是商标专用权的管理机关。

2. 国家知识产权局不予质押登记的情形：

（1）出质人名称与国家知识产权局档案所记载的名称不一致，且不能提供相关证明证实其为注册商标权利人的；

（2）合同的签订违反法律法规强制性规定的；

（3）注册商标专用权已经被撤销、被注销或者有效期满未续展的；

（4）注册商标专用权已被人民法院查封、冻结的；

（5）其他不符合出质条件的。

3. 国家知识产权局应撤销商标质押登记的情形：

（1）发现有属于局不予登记情形之一的；

（2）质权合同无效或者被撤销；

（3）出质的注册商标因法定程序丧失专用权的；

（4）提交虚假证明文件或者以其他欺骗手段取得注册商标专用权质权登记的。

实训五

【素材 1】某化妆品研究中心研制出两种护肤产品，分别命名“容颜驻”和“嫩透白”，该化妆品研究中心对“容颜驻”和“嫩透白”进行了商标注册申请。随后，该化妆品研究中心与某美妆销售公司签订了“容颜驻”和“嫩透白”两份商标转让合同，但未到商标局登记。美妆销售公司依照两份商标转让合同的约定，付清了商标转让费，并开始使用“容颜驻”和“嫩透白”商标。

【思考题】分小组讨论商标转让登记的原则及要件。回顾商标注册登记的内容，完成下面的问题。

（1）“容颜驻”和“嫩透白”能否作为护肤产品商标名称？为什么？

（2）关于这两份商标转让合同是否有效？为什么？

【素材 2】某市 A 餐饮公司从事快餐服务，并注册了“蓝色快车”商标，后来经过该企业的有效经营，在当地快餐业做得小有名气，店里的生意十分火爆，于是吸引了众多的投资商，想要加盟蓝色快车餐饮。经过多轮洽谈，与 B 企业签订了蓝色快车商标许可使用合同。合同约定 A 公司将其在国内拥有合法许可使用权蓝色快车商标许可给 B 公司使用。并规定了使用期限以及许可使用费用及付费方式。B 公司保证使用本商标所有商品质量，A 公司有权对 B 公司使用其申请注册商标的商品进行质量监督。许可合同签订后，双方并未到商标局进行备案登记。后来，A 公司的生意蒸蒸日上，但始终疏于管理，卫生情况一度堪忧，卫生部多次下令整改。原来火爆的生意局面一去不复返。导致 B 公司经营的加盟店也生意冷清。再后来，A 公司在未告知 B 公司的情况下，将蓝色快车商标转让他人。

【思考题】思考并完成以下问题：

（1）A 公司和 B 公司签订的商标许可使用合同是否生效？

（2）若该使用合同未注明许可使用方式，是否属于独占许可使用？

（3）B 公司可否向 A 公司主张侵权？

（4）A 公司将其注册商标私自转让，B 公司应如何行使权利？

【素材 3】北京 A 厂 2015 年 8 月 10 日向中国商标局申请了“春日”牌防盗门注册商标，经初步审定公告无人提出异议，商标局于 2016 年 5 月 8 日予以核准注册。太原 B 厂想使用北京 A 厂的“春日”牌商标销售自己的防盗门。2017 年 5 月 8 日，北京 A 厂与太原 B 厂签订了“春日”注册商标的使用许可合同。

【思考题】根据上述案例，请回答以下问题：

（1）商标初步审定公告的期限多长时间？北京 A 厂从何时取得“春日”商标权？

（2）“春日”商标属于商品商标还是服务商标？

（3）双方签订的合同中约定的商标许可使用合同的有效期最长不能超过多少年？为什么？

（4）双方签订合同后，太原 B 厂在使用上述注册商标时应当承担哪些法定责任？

五、商标权保护范围的确定及侵权行为类型

要认定商标侵权行为，前提是要确定商标权的保护范围。商标权的保护范围与商标权的权利范围并不完全一致，所以确定商标权的保护范围后，才能正确判断商标侵权行为。对于商标侵权行为的判定，现行《商标法》则确立了判断商标侵权的标准，即“容易导致混淆”原则。如果在相同或近似商品或服务上，行为人使用了与权利人相同或近似的商标，落入保护范围时，该未经许可的使用行为则被视为侵权。

（一）商标权保护范围的确定

首先需要我们明确的是，注册商标的权利保护范围与权利范围有所区别，实际上，注册商标的权利保护范围大于权利范围。

关于商标权利保护范围，根据《商标法》第 57 条第 1 项、第 2 项的规定可以知道，商标权利保护范围是指，未经商标权人许可在同一种或者类似商品或服务上使用与其相同或近似商标，将构成商标侵权行为。这里的权利保护范围即包括与注册商标

相同的标识，同时也包括与注册商标近似的标识。一般而言，类似商品或服务[1]上使用近似商标则需要达到使一般消费者容易导致混淆的程度。

关于商标权利范围，则是根据《商标法》56条的规定："注册商标的专用权，以核准注册的商标和核定使用的商品为限。"也就是说，商标权人使用的商标和注册的商品或服务类别应当与商标局核定使用范围相一致，超出权利范围的使用就是非法使用，也不会受到法律保护。

（二）商标侵权行为类型

根据《商标法》第57条规定，有下列行为之一的，均属侵犯注册商标专用权：

1. 使用侵权。未经商标注册人的许可，在同一种商品上使用与其注册商标相同的商标的。这里强调的是同一商品使用同一商标，是一种直接的明示侵权。未经商标注册人的许可，在同一种商品上使用与其注册商标近似的商标，或者在类似商品上使用与其注册商标相同或者近似的商标，容易导致混淆的，也构成商标侵权行为。另外，根据《商标法实施条例》第76条规定，在同一种商品或者类似商品上将与他人注册商标相同或者近似的标志作为商品名称或者商品装潢使用，误导公众的，属于商标法第57条第2项规定的侵犯注册商标专用权的行为。

2. 销售侵权。销售侵犯注册商标专用权的商品的行为，构成商标权侵权行为。这里强调的是同一种商品使用近似商标，这里的商标是否构成近似需要根据商标审查规则进行近似判断，一般以是否容易导致消费者误认为主要判断标准。

3. 伪造、擅自制造他人注册商标标识或者销售伪造、擅自制造的注册商标标识的行为。需要注意的是这里的侵权行为包括伪造、制造、销售非法商标。

4. 反向假冒。未经商标注册人同意，更换其注册商标并将该更换商标的商品又投入市场的行为，通常又称这种行为为反向假冒。比如，甲公司生产的炼乳质量很好，深得某地消费者信赖，乙公司为了打开市场，先合法买到大批甲公司生产的炼乳，再将其瓶子上的注册商标撕下，换成乙公司的商标，谎称是自己生产的，以换取市场的认可。这种做法，实质上还是侵犯了甲公司以商标标识自己产品的权利，因而同样为法律所禁止。反向假冒行为与直接的商标假冒行为相比，具有更强的复杂性和隐蔽性。反向假冒侵权行为在国内贸易中比较罕见，在国际贸易中时有发生。

5. 帮助侵权。行为人故意为侵犯他人商标专用权行为提供便利条件，帮助他人实施侵犯商标专用权的行为。这里要着重理解提供便利和帮助的行为，根据《商标法实施条例》第75条的规定，为侵犯他人商标专用权提供仓储、运输、邮寄、印制、

[1] 是否属于类似商品或服务的判断则需要根据《商品或服务区分类表》进行判定。

隐匿、经营场所、网络商品交易平台等，属于商标法第 57 条第 6 项规定的提供便利条件，但要求行为人是主观故意的。

实训六

【素材】原告断水流公司诉称：飘飘有限公司是“中原一枝花”注册商标的权利人，飘飘有限公司将上诉商标的独占使用许可权授予原告。原告生产的“中原一枝花”等品牌服装拥有很高的知名度，曾获某省名牌称号。被告刘某在 JD 网销售的服装中使用了“中原一枝花”，“中原一朵花”等商标，侵犯了原告享有的注册商标专用权。被告 JD 公司是 JD 网的运营商。自 2019 年以来，原告针对刘某的侵权行为，就 JD 网上存在大量的侵权商品向 JD 公司提出过警告，并曾 7 次发送律师函，要求其删除刘某发布的侵权商标商品信息，要求其采取事先审查、屏蔽关键词等有效措施通知侵权行为的蔓延。但 JD 公司未采取合理措施，仍为其提供网络平台服务，故意为侵犯他人注册商标专用权的行为提供便利条件，构成帮助刘某实施商标侵权的行为。故原告请求法院判令被告刘某、JD 公司共同赔偿原告的经济损失。

【思考题】

1. 素材涉及的商标侵权的行为类型有哪些？❶

2. 翻阅《商标法》，对商标侵权行为的赔偿数额应如何认定？❷

---

❶ 原告断水流公司经飘飘有限公司独占许可，享有“中原一枝花”注册商标独占使用许可权。他人不得销售侵犯注册商标专用权的商品。本案中，被告刘某在 JD 网上销售的商品与该商标核定使用的商品相同，商标相同。刘某销售的涉案商品应认定为侵犯了原告的商标专用权的商品。属于销售侵权行为。原告发现被告刘某通过 JD 网销售侵权商品后，先后 7 次向 JD 公司发送侵权通知函，被告 JD 公司审核后先后 7 次删除了刘某发布的商品信息。JD 公司认为，其已经采取了必要的措施。

网络服务提供者接到通知后及时删除侵权信息是其免于承担赔偿责任的条件之一，但并非是充分条件。网络服务提供者删除信息后，如果网络用户仍然利用其提供的网络服务继续实施侵权行为，网络服务提供者则应当进一步采取必要的措施以制止继续侵权。哪些措施属于必要的措施，应当根据网络服务的类型、技术可行性、成本、侵权情节等因素确定。具体到网络交易平台服务提供商，这些措施可以是对网络用户进行公开警告、降低信用评级、限制发布商品信息直至关闭该网络用户的账户等。JD 公司在知道刘某多次发布侵权商品信息的情况下，未严格执行其管理规则，依然为刘某提供网络服务，此是对刘某继续实施侵权行为的放任、纵容。其故意为刘某销售侵权商品提供便利条件，构成帮助侵权，具有主观过错，应承担连带赔偿责任。

❷ 根据《商标法》第 63 条的规定可知，对于商标侵权行为确定赔偿数额的主线为：权利人的实际损失——侵权行为人所获利益——参考商标许可使用费的 1–5 倍——人民法院自由裁量权（500 万以下）。赔偿数额应包括权利人制止侵权行为所支付的合理费用。

项目三　典型案例研习

【素材】重庆江小白酒业有限公司诉国家知识产权局、第三人重庆市江津酒厂（集团）有限公司商标权无效宣告行政纠纷案[1]

【基本案情】

重庆江小白酒业有限公司（以下简称江小白公司）与国家知识产权局、重庆市江津酒厂（集团）有限公司（以下简称江津酒厂）商标权无效宣告行政纠纷案中，诉争商标系第 10325554 号“江小白”商标，于 2011 年 12 月 19 日由成都格尚广告有限责任公司申请注册，核定使用在第 33 类酒类商品上，经核准，权利人先后变更为四川新蓝图商贸有限公司（以下简称新蓝图公司）、江小白公司。

重庆市江津区糖酒有限责任公司（包括江津酒厂等关联单位）与新蓝图公司（包括下属各地子公司、办事处等关联单位）于 2012 年 2 月 20 日签订销售合同和定制产品销售合同。定制产品销售合同明确约定授权新蓝图公司销售的产品为“几江”牌系列酒定制产品，其中并未涉及“江小白”商标，而且定制产品销售合同第一条约定，“甲方（江津酒厂）授权乙方（新蓝图公司）为‘几江牌’江津老白干‘清香一、二、三号’系列超清纯系列、年份陈酿系列酒定制产品经销商”。第六条之 2 明确约定，“乙方负责产品概念的创意、产品的包装设计、广告宣传的策划和实施、产品的二级经销渠道招商和维护，甲方给予全力配合。乙方的产品概念、包装设计、广告图案、广告用语、市场推广策划方案，甲方应予以尊重，未经乙方授权，不得用于甲方直接销售或者甲方其他客户销售的产品上使用”。

2016 年 5 月，江津酒厂针对诉争商标向原国家工商行政管理总局商标评审委员会（以下简称商标评审委员会）提出无效宣告请求。商标评审委员会认为，在诉争商标申请日之前，江小白公司对江津酒厂的“江小白”商标理应知晓，诉争商标的注册已构成 2001 年修正的商标法（以下简称 2001 年商标法）第十五条所指的不予注册并禁止使用之情形。故裁定对诉争商标予以宣告无效。江小白公司不服，提起行政诉讼。

[1] 最高人民法院审判委员会讨论通过 2021 年 7 月 23 日发布指导案例 162 号。（生效裁判审判人员：秦元明、郎贵梅、马秀荣）

一审、二审法院裁判结果：

北京知识产权法院于2017年12月25日作出（2017）京73行初1213号行政判决：一、撤销商标评审委员会作出的商评字〔2016〕第117088号关于第10325554号“江小白”商标无效宣告请求裁定；二、商标评审委员会针对江津酒厂就第10325554号“江小白”商标提出的无效宣告请求重新作出裁定。商标评审委员会、江津酒厂不服，上诉至北京市高级人民法院。北京市高级人民法院于2018年11月22日作出（2018）京行终2122号行政判决：一、撤销北京知识产权法院（2017）京73行初1213号行政判决；二、驳回江小白公司的诉讼请求。江小白公司不服，向最高人民法院申请再审。最高人民法院于2019年12月26日作出（2019）最高法行再224号行政判决：一、撤销北京市高级人民法院（2018）京行终2122号行政判决；二、维持北京知识产权法院（2017）京73行初1213号行政判决。

再审法院裁判理由：

最高人民法院认为，本案的主要争议焦点在于，诉争商标的申请注册是否违反2001年商标法第十五条的规定。2001年商标法第十五条规定：“未经授权，代理人或者代表人以自己的名义将被代理人或者被代表人的商标进行注册，被代理人或者被代表人提出异议的，不予注册并禁止使用。”代理人或者代表人不得申请注册的商标标志，不仅包括与被代理人或者被代表人商标相同的标志，也包括相近似的标志；不得申请注册的商品既包括与被代理人或者被代表人商标所使用的商品相同的商品，也包括类似的商品。本案中，江津酒厂主张，新蓝图公司是其经销商，新蓝图公司是为其设计诉争商标，其在先使用诉争商标，因此诉争商标的申请注册违反了2001年商标法第十五条规定。

首先，江津酒厂提供的证据不足以证明其在先使用诉争商标。江津酒厂主张其在先使用诉争商标的证据绝大多数为诉争商标申请日之后形成的证据，涉及诉争商标申请日之前相关行为的证据有江津酒厂与重庆森欧酒类销售有限公司（以下简称森欧公司）的销售合同、产品送货单、审计报告。江津酒厂与森欧公司的销售合同已经在诉争商标异议复审程序中提交，因未体现森欧公司的签章、缺乏发票等其他证据佐证而未被商标评审委员会采信。江津酒厂在本案中提交的销售合同虽然有森欧公司的公章，但该合同显示的签订时间早于工商档案显示的森欧公司的成立时间，而且江津酒厂也认可该合同签订时间系倒签。根据江小白公司提交的再审证据即北京盛唐司法鉴定所出具的笔迹鉴定意见，江津酒厂给森欧公司送货单上的制单人笔迹真实性存在疑点，且没有发票等其他证据佐证，故上述证据无法证明江津酒厂在先使用诉争商标。江津酒厂在一审法院开庭后提交了审计报告作为在先使用证据。但在缺少原始会计凭证的情况下，仅凭在后受江津酒厂委托制作的审计报告中提到“江小白”白酒，不足以证明江津酒厂在诉争商标申请日前使用了“江小白”。此外，江津酒厂提交的其于2012年2月15日与重庆宝兴玻璃制品有限公司签订的购买“我是江小白”瓶的合同金额为69万元，远高于审计报告统计的销售额和销售毛利，也进一步表明无法认定审计报告的真实性。

其次，虽然江津酒厂与新蓝图公司存在经销关系，但双方的定制产品销售合同也同时约定定制产品的产品概念、广告用语等权利归新蓝图公司所有。在商标无效宣告和一、二审阶段，江津酒厂提供的证明其与新蓝图公司为经销关系的主要证据是双方于2012年2月20日签订的销售合同和定制产品销售合同。定制产品销售合同明确约定授权新蓝图公司销售的产品为“几江”牌系列酒定制产品，其中并未涉及“江小白”商标，而且定制产品销售合同明确约定，乙方（新蓝图公司）的产品概念、包装设计、广告图案、广告用语、市场推广策划方案，甲方（江津酒厂）应予以尊重，未经乙方授权，不得用于甲方直接销售或者甲方其他客户销售的产品上使用。综上，应当认为，江津酒厂对新蓝图公司定制产品上除“几江”外的产品概念、广告用语等内容不享有知识产权，亦说明新蓝图公司申请注册“江小白”商标未损害江津酒厂的权利。本案证据不足以证明诉争商标是江津酒厂的商标，因此仅根据上述证据尚不能认定诉争商标的申请注册违反了2001年商标法第十五条规定。

最后，江津酒厂与新蓝图公司合作期间的往来邮件等证据证明，“江小白”的名称及相关产品设计系由时任新蓝图公司的法定代表人陶石泉在先提出。根据江小白公司向法院提交的相关证据能够证明“江小白”及其相关产品设计是由陶石泉一方在先提出并提供给江津酒厂，而根据双方定制产品销售合同，产品概念及设计等权利属于新蓝图公司所有。现有证据不足以证明新蓝图公司是为江津酒厂设计商标。

综上，在诉争商标申请日前，“江小白”商标并非江津酒厂的商标，根据定制产品销售合同，江津酒厂对定制产品除其注册商标“几江”外的产品概念、广告用语等并不享有知识产权，新蓝图公司对诉争商标的申请注册并未侵害江津酒厂的合法权益，未违反2001年商标法第十五条规定。

【裁判要点】

当事人双方同时签订了销售合同和定制产品销售合同，虽然存在经销关系，但诉争商标图样、产品设计等均由代理人一方提出，且定制产品销售合同明确约定被代理人未经代理人授权不得使用定制产品的产品概念、广告用语等，在被代理人没有在先使用行为的情况下，不能认定诉争商标为商标法第十五条所指的“被代理人的商标”。

【任务】该案例系涉及商标注册以及如何证明商标在先使用的一个综合案例。根据案例内容，查找相关资料，评析案例并组织模拟法庭。

第四单元　专利的世界

【单元概述】本单元主要涉及以下内容：专利的种类、专利权的取得、专利权的归属、专利权的利用和专利权的保护。本单元需要在理解专利制度的基础上，了解和掌握基本专利诉讼和非诉业务等实务操作内容。

项目一　专利法律制度概述

【情景导入】

我们常说科技强国，科技创新，科技改变生活。"科技"的背后是知识的力量，是人类的智力成果。为了让更多贡献智慧实现科技创新的人们获得社会制度的保障，我们的专利法应运而生。专利权是知识产权法体系的重要组成部分。专利是以公开技术信息为条件，从而获得排他性，专利法的立法目的就在于一方面保护了技术发明人，而另一方面鼓励了技术研新。

思考：专利其实离我们并不遥远，科技创新更是国家发展、时代进步的要义所在。可否分享一下生活中你听说过的专利故事呢？要想进行发明创造，你认为都需要具备什么样的素质和能力呢？谈谈专利制度在经济建设中的地位和作用？

一、我国专利制度的起源和发展概述

在我国古代，由于民事法律制度发展不完备，到了清末，陆续出现了希望借鉴外国先进制度来促进我国经济社会发展的观点，比如：太平天国运动中，洪仁玕在《资政新篇》中曾提出："首创至巧者，赏自以专其利，限满准他人仿做"的主张。

民国时期，1912 年，中华民国工商部颁布了《奖励工艺品暂行章程》，这是我国历史上第一部专利法实施细则。1944 年《中华民国专利法》颁布，国民党政府公布了中国有史以来第一部专利法。这部法律由于当时的历史原因，并未得以真正实施。但在我国台湾地区一直实施到 20 世纪 90 年代中期，才做了大规模修订。

目前，我国有关专利的主要的法律法规及部门规章包括：

1.《专利法》。1984 年我国颁布了《专利法》，1992 年经过第一次修订，2000 年经过第二次修订，2008 年经过第三次修订，2020 年经过第四次修订，于 2021 年 6 月正式实施。专利法是指调整因专利权的归属、取得、利用和保护等所产生的各种社会关系的法律规范的总和。专利制度赋予专利权人一定的垄断性。但是专利法所赋予的垄断性并非我们通常所理解的非法行为。专利制度从根本上来说是为了促进技术的发展和科技进步。专利制度禁止他人以经营为目的而实施他人的专利技术，包括制造、销售、许诺销售、进口、使用该专利技术。他人在专利技术的基础上改进发明或者为科学研究而实施专利技术，专利法并不禁止。为了平衡专利权人和合理使用行为的利益关系，在专利法中也有相关规定。所以，专利制度赋予专利权人垄断的权利，“垄断”则具有一定的跑马圈地的效应，但其效力不可做扩大理解。

2.《专利法实施细则》。该细则是《专利法》配套的行政法规，1985 年颁布，并经过 1992 年第一次修改，2001 年第二次修改，2010 年第三次修改沿用至今。

3.《专利代理条例》。为了规范专利代理行为，保障委托人、专利代理机构和专利代理师的合法权益，维护专利代理活动的正常秩序，促进专利代理行业健康发展，根据《中华人民共和国专利法》制定该条例。《专利代理条例》已经 2018 年 9 月 6 日国务院第 23 次常务会议修订通过，《专利代理条例》在 2018 年进行第三次修订，自 2019 年 3 月 1 日起施行。

4.《国防专利条例》。为了保护有关国防的发明专利权，确保国家秘密，便利发明创造的推广应用，促进国防科学技术的发展，适应国防现代化建设的需要，根据《中华人民共和国专利法》制定该条例。该条例在 2004 年第二次修订后沿用至今。

5.《专利审查指南》。《专利审查指南》是专利局和国务院专利行政部门依法行政的重要依据和标准，也是专利实务中各当事人应当遵循的部门规章。《专利审查指南》于 2020 年进行了最新一版的修订，自 2021 年 1 月起实施。

二、专利的定义及特征

“专利”既可以指“专利权”，也可以指“专利制度”。一般而言专利与专利权含义基本相同，是指国家按专利法授予申请人在一定时间对其发明创造成果所享有的占有、使用、收益和处分的权利。也就是说，发明人作出一项发明创造后，该发明人可以作为申请人去申请专利，如果获得官方授权即可以获得法律意义上的专利权。专利权主要是一种禁止他人以经营为目的实施特定技术方案或设计的权利，是一种财产权。

专利权有以下特征：

1. 专利权是一种无形财产权。专利权的保护对象与知识产权的保护对象一样，具有无形性的特点。比如，就一个杯子而言，所有权的客体是杯子本身，是有体物；而专利权的客体却是杯子的技术方案（该技术方案的内容是指杯子是由哪些物件组成的，相互间是何种组装关系的技术方案）。

2. 专利权具有法定性。专利权是由国家行政机关通过法定程序加以确认的权利，与著作权的取得方式不同，不能自动取得。

3. 专利权具有专有性。专利权专属于专利权人所有，其在法定期限内享有垄断性的权利。未经权利人许可，其他人不得实施该专利，否则构成侵权。

4. 专利权具有时间性。国家通过法律授予专利权人的专利权是有期限的，而不是无期限的，比如《中华人民共和国专利法》规定，发明专利的保护期限为20年，实用新型的保护期限是10年，外观设计的保护期限为15年。

5. 专利权具有地域性。专利权的保护效力受地域限制，比如中国国务院专利行政机构授予的专利权在韩国、日本等国家或地区就不具有法律效力，反之亦然。

三、专利的分类

专利法所称的发明创造是指发明、实用新型和外观设计。

（一）发明

发明是指对产品、方法或者将其改进所提出的新的技术方案。发明应当具备的条件包括：

1. 发明必须是技术方案。物理、化学的定律或者原理，这些自然规律本身不能被称为技术方案，技术方案必须是将上述自然规律运用到现实世界解决具体的实际问题而提出的方案。

2. 发明必须是具体的技术方案。仅仅提出问题和设想不是技术方案，需要提出具体的解决方案，而且这种解决方案还需要具备可操作性。

3. 发明必须是新的技术方案。新的技术方案是指在此之前没有人提出过相同或者类似的技术方案，而且不属于现有技术。

（二）实用新型

实用新型是指对产品的形状、构造或者两者结合所提出的适于实用的新的技术方案。例如，功能饮料，除尘喷雾，技术方法或数据处理方法等，均不属于实用新型专利的保护客体。一项发明创造即包括对产品形状、构造的改进，也包括对生产该产品的专用方法、工艺或构成该产品的材料本身等方面的改进。但是实用新型专利仅保护针对产品形状、构造提出的改进技术方案。

实用新型和发明的区别在于：

1. 实用新型的保护范围比发明要小。方法只能申请发明专利，而不能申请实用新型专利。实用新型的主题只能是具有一定结构和形态的物品。

2. 实用新型的创造性程度低于发明。我国专利法对申请发明的要求是，同现有技术相比，有突出的实质性特点和显著进步。而实用新型只要求具有实质性特点和进步即可。由此可见，实用新型的创造性程度低于发明。

3. 实用新型比发明的保护期限短。根据专利法的规定，发明的保护期限是20年，而实用新型的保护期限仅为10年。

4. 实用新型的审批过程比发明审批过程简单。发明专利申请必须经历实质审查（即新颖性、创造性和实用性审查）程序才能授权；与发明专利审查相比，实用新型只需经过初步审查即可授权，授权程序相对简单、快捷。

（三）外观设计

外观设计是指对产品的整体或者局部的形状、图案或者其结合以及色彩与形状、图案的结合所作出的富有美感并适于工业应用的新设计。

外观设计的特征有：

1. 外观设计必须与产品相结合，以产品为依托。离开了具体的工业产品就无所谓外观设计了。

2. 外观设计必须能在工业上应用，这里的应用是指该外观设计可以通过工业手段大量复制，不同于单纯的艺术品设计。

3. 外观设计应富有美感。外观设计以产品的形状、图案和色彩等为构成要素，以视觉美感为目的，而不去追求实用功能。

实训一

【素材1】某研究所研究员李某向专利局提出一种“室内空气的净化方法”的专利申请，该发明创造的特征是：绿色环保，采用植物提取物进行室内空气净化，高效便捷，而且不会二次污染。

【思考题】阅读材料，回答以下问题：

（1）这项研究成果可否申请实用新型专利？为什么？

（2）实用新型的特征有哪些？

四、专利权的归属

专利权的主体即指专利权人。专利权人包括发明人、设计人本人或者其所在的单位。发明人或者设计人是指对发明创造的实质性特点做出创造性贡献的人。发明人是指专利法上发明或者实用新型的完成人，设计人专指外观设计的完成人。发明人或者设计人必须是自然人。

（一）非职务发明创造的专利权归属

非职务发明创造，申请专利的权利属于发明人或者设计人，申请专利批准之后，该发明人或者设计人为专利权人。

（二）合作发明创造的专利权归属

两个以上的单位或者个人合作完成的发明创造，除另有协议的以外，申请专利的权利属于共同完成的单位或者个人。申请被批准后，专利权归申请的单位或者个人所有。当事人一方转让其共有的专利申请权的，其他各方享有以同等条件优先受让的权利。合作开发的当事人一方声明放弃其共有的专利申请权的，可以由另一方单独申请或者由其他各方共同申请。放弃专利申请权的一方可以免费实施该专利。合作开发的当事人一方不同意申请专利的，另一方或者其他各方不得申请专利。

（三）职务发明创造的专利权的归属

职务发明创造是指发明人、设计人执行本单位的任务或者主要是利用本单位的物质技术条件所完成的发明创造为职务发明创造。职务发明创造申请专利的权利属于该单位，申请被批准后，该单位为专利权人。该单位可以依法处置其职务发明创造申请专利的权利和专利权，促进相关发明创造的实施和运用。[1]

具体而言，下列情况的发明创造属于职务发明创造：

1. 在本职工作中做出的发明创造。

2. 履行本单位交付的任务所做出的发明创造。

3. 退休、调离原单位后或者劳动、人事关系终止后一年内做出的，与在原单位承担的本职工作或者原单位分配的任务有关的发明创造。

---

[1] 参见《专利法》第6条第1款。

另外，单位，包括临时工作单位；单位的物质技术条件，是指单位的资金、设备、零部件、原材料或者不对外公开的技术资料等。[1]

职务发明创造的专利申请权、专利权属于发明人、设计人所在的单位。利用本单位的物质技术条件所完成的发明创造，单位与发明人或者设计人订有合同，对申请专利的权利和专利权的归属作出约定的，从其约定。

（四）委托发明创造的专利权归属

委托发明是指，一个单位或者个人接受其他单位或者个人委托所完成的发明创造，除另有协议的以外，申请专利的权利属于完成或者共同完成的单位或者个人。研究开发人取得专利权的，委托人可以免费实施该专利。研究开发人转让专利申请权的，委托人享有以同等条件优先受让的权利。

实训二

【素材】张某是某研究所的工作人员，负责研发一种“红菊芋膳食纤维饮料”。2018 年 10 月，该研发项目还未完成张某就退休了，退休后，张某与乙工厂签订合同约定，乙工厂协助张某继续研发“红菊芋膳食纤维饮料”，研发成功后乙工厂有权申请专利。2019 年 3 月，该项目研发成功，乙工厂向国家知识产权局申请名为“菊粉饮料组合物”专利，并为此与某研究所就专利申请权归属发生争议。

【思考题】“菊粉饮料组合物”的专利申请权归属于谁？[2]

五、专利权的内容

专利申请人在通过专利申请后即获得专利权的权利，享有一定的权利，同时也承担相应的义务。专利权是一种财产权，不包含人身权。专利权人在专利有效期内享有以下权利内容：

第一，专利权人享有实施其专利技术的排他性权利。专利技术是以公开换保护。专利权人通过申请专利，将专利技术信息和权利信息公开，从而可以垄断该项技术来获得排他性利益。

第二，专利权人有权禁止他人实施其专利技术。专利权人在获得一项专利技术

[1] 参见《专利法实施细则》12 条。

[2] 此案中，首先应当判断，张某的行为是否属于职务发明。张某为了完成单位工作任务进行研发，因此张某属于职务行为。这里需要注意的是张某在退休后人事关系终止后的一年内，在乙单位从事与原单位分配的任务有关的发明创造，据根法律规定，该发明创造仍属于职务发明。对于甲单位和乙单位而言，由于张某在一年内分别在两家单位从事相同的发明创造，可以认定该发明创造属于两个单位之间的合作发明，因此对于合作发明，专利申请权应属于甲、乙两个单位共有。

后，可以通过合同授权许可他人实施。未经专利权人合法授权，任何人不得擅自实施该专利。

（一）专利权人的权利

1. 禁止权。专利权人的禁止权是指专利权人有权禁止未经其同意以生产经营为目的实施其专利的行为。当然，不同的专利种类的专利权人，其享有的禁止权的范围也不同，对于发明和实用新型而言，专利权人可以禁止他人以生产经营为目的的制造、销售、许诺销售、使用和进口专利产品的行为；而对于外观设计专利权人而言，则范围要小一些。

2. 转让权。转让权是指专利权人有权将自己所拥有的专利权转移给他人的权利。专利权的转让导致专利权的主体发生变化，需要履行一定的法律手续。

3. 实施许可权。实施许可权是指专利权人有权将自己的专利许可他人在一定期限或者地域范围内实施并收取使用费的权利。专利实施许可不发生专利权主体的变化。

4. 放弃权。专利权人有权在专利权保护期限届满前以法定方式放弃其专利权的权利。专利权人可以书面声明的方式放弃其专利权，也可以不缴纳年费的方式放弃专利权。专利权人采取上述行为后，经国务院专利行政部门登记和公告，其专利权即可终止。

5. 专利的标记权。专利权人有权在专利产品或者产品的包装等上标明专利标记和专利号的权利。专利权人也可以许可他人使用专利标记，但是对于已经终止的专利权，产品的制造者和销售者不能再标注专利标记，否则将构成假冒专利违法。

（二）专利权人的义务

缴纳专利年费的义务。根据专利法的规定，年费是指专利权人应当履行的法定义务，为了维持专利权的效力，从专利授权当年开始逐年向国务院专利行政部门缴纳的费用。如果没有按规定缴纳的，那么专利权将会终止。授予专利权当年以后的年费应当在上一年度期满前缴纳。专利权人未缴纳或者未缴足的，国务院专利行政部门应当通知专利权人自应当缴纳年费期满之日起6个月内补缴，同时缴纳滞纳金；期满未缴纳的专利权自应当缴纳年费期满之日起终止。

当然专利权人也可以在期满前以书面声明的方式主动放弃专利权。专利权在期限届满前终止的，由国务院专利行政部门登记和公告。根据法律规定，专利期限届满后将进入公共领域。需要注意的是，与商标不同，专利期限届满不存在续展、续期的问题。

实训三

【素材】罗某将自己享有的外观设计专利转让给了甲公司。甲公司又与乙公司签署实施许可合同，许可乙公司排他性实施其专利。现乙公司发现丙公司制造并销售该外观设计产品，遂向法院提起诉讼，要求丙公司停止专利侵权行为并销毁侵权产品，并赔偿经济损失 50 万元。

【思考题】乙公司是否有权提起专利侵权诉讼？[1]

项目二　专利实务

【情景导入】

如今，大学生依托专利等知识产权自主创业正在成为新的风潮。陈某是温州医科大学 2015 届毕业生，同时也是温州医科大学爱眼汇生物科技有限公司创办人，该公司成员也以年轻人为主，目前该公司已拥有十余件专利，自主研发的系列专利产品由于体积小、功能强，已经走进了不少大医院的专科门诊，很难想象这是一家大学生创办的企业。18 岁的李某某踏进中国计量学院大门时，还不知道专利为何物。完成学业的他已拥有了 140 余件专利。凭借这些专利，他创办了杭州追猎科技有限公司。这样的事例还有很多，青岛工学院大学生刘某某以 8 件发明专利创办了青岛欧卡玛环保科技有限公司，年利润超过 1000 万元；华中科技大学学生黄某某，凭借“一种防止轮胎爆胎保护的安全装置”发明专利，成功吸引创业投资 3000 万元；中国石油大学的大学生盛某某，以自己的 12 件发明专利创业，现在经营得红红火火。[2]

【思考】如何才能获得专利权呢？

一、如何获得专利权

一项发明创造研发出来后，应尽早地去申请专利保护。若是企业的产品，更是应当在产品投放市场之前，尽快完成专利申请。如果不重视专利成果的保护，贸然地公开专利技术，带来的后果将是不堪设想。那么，任何人都可以申请专利吗？答

[1] 专利权人及其被许可人认定是否有权提起专利侵权诉讼，关键看乙公司是否获得实施该专利产品的权利。应切实理解专利权人禁止权、转让权和实施许可权的具体含义。

[2] 新闻国家知识产权局，知识产权报《知识产权：打开创业创新成功的大门》，2016 年 03 月 24 日。

案是肯定的。下面我们来看一下申请专利应具备的条件。

首先，根据专利法规定，授予专利权的发明和实用新型，应当具备新颖性、创造性和实用性。授予专利权的外观设计，应当同申请日以前在国外出版物上公开发表过或者国内公开使用过的外观设计不相同和不相近似，并不得与他人在先取得的合法权利相冲突。在进行专利申请之前，我们需要对申请专利进行检索，通过现有技术进行比对，以确定专利的三性。即新颖性、创造性和实用性，即专利取得的积极条件。

（一）专利权取得的积极条件

专利权取得的积极条件是指从正面来规定可授权的发明创造应当具备的条件，否则不能被授予专利。

专利权取得的积极条件有：

1. 新颖性：该发明、实用新型或者外观设计不属于现有技术或者设计，而且也没有抵触申请的存在。《专利法》第 22 条规定："新颖性，是指该发明或者实用新型不属于现有技术；也没有任何单位或者个人就同样的发明或者实用新型在申请日以前向国务院专利行政部门提出过申请，并记载在申请日以后公布的专利申请文件或者公告的专利文件中。"

现有技术或者设计，是指在申请日以前在国内外为公众所知的技术或者设计。

抵触申请是指在申请日以前向国务院专利行政部门提出过申请并记载在申请日以后公布的专利申请文件或者公告的专利文件中。

如果在申请专利的申请日前公开过该专利，则会丧失新颖性。例如：专利申请要求保护一种化合物的，如果在一份对比文件中已经提到该化合物记载了化合物的化学名称、分子式（或结构式）等结构信息，使所属技术领域的技术人员认为要求保护的化合物已经被公开，即推定该化合物不具备新颖性。[1]

法律还规定了不丧失新颖性的例外，申请专利的发明创造在申请日以前 6 个月内，有下列情形之一的，不丧失新颖性：在中国政府主办或者承认的国际展览会上首次展出的；在规定的学术会议或者技术会议上首次发表的；他人未经申请人同意而泄露其内容的。在上述例子中，虽然在申请日前公开过该专利，但申请人能提供证据证明在申请日之前无法获得该化合物的也不会丧失新颖性。

2. 创造性：是指与现有技术相比，该发明或实用新型具有突出的实质性特点和显著的进步。其中，实用新型的显著特点和进步没有发明的创造性要求高。对于

[1] 参见《专利审查指南》（2010 版）第二部分第十章，5 化学发明的新颖性，5.1 化合物的新颖性。

外观设计而言，要求与现有设计或者现有特征相比，该外观设计具有明显的区别。发明有突出的实质性特点，是指对所属技术领域的技术人员来说，发明相对于现有技术是非显而易见的。如果发明是所属技术领域的技术人员在现有技术的基础上仅仅通过合乎逻辑的分析、推理或者有限的试验可以得到的，则该发明是显而易见的，也就不具备突出的实质性特点。例如：判断化合物发明的创造性，需要确定要求保护的化合物与最接近现有技术化合物之间的结构差异，并基于进行这种结构改造所获得的用途和/或效果确定发明实际解决的技术问题，在此基础上，判断现有技术整体上是否给出了通过这种结构改造以解决所述技术问题的技术启示。需要注意的是，判断化合物发明的创造性时，如果要求保护的技术方案的效果是已知的必然趋势所导致的，则该技术方案没有创造性。例如，现有技术的一种杀虫剂 A-R，其中 R 为 C1-3 的烷基，并且已经指出杀虫效果随着烷基 C 原子数的增加而提高。如果某一申请的杀虫剂是 A-C4H9，杀虫效果比现有技术的杀虫效果有明显提高。由于现有技术中指出了提高杀虫效果的必然趋势，因此该申请不具备创造性。[1]

另外，发明具有显著的进步，是指发明与现有技术相比能够产生有益的技术效果。例如，发明克服了现有技术中存在的缺点和不足，使得质量改善、产量提高，节约能源，或者为解决某一技术问题提供了一种不同构思的技术方案，或者代表某种新的技术发展趋势。

发明是否具备创造性，应当基于所属技术领域的技术人员的知识和能力进行评价。所属技术领域的技术人员，也可称为本领域的技术人员，是指一种假设的“人”，假定他知晓申请日或者优先权日之前发明所属技术领域所有的普通技术知识，能够获知该领域中所有的现有技术，并且具有应用该日期之前常规实验手段的能力，但他不具有创造能力。如果所要解决的技术问题能够促使本领域的技术人员在其他技术领域寻找技术手段，他也应具有从其他技术领域中获知该申请日或优先权日之前的相关现有技术、普通技术知识和常规实验手段的能力。

显而易见的技术组合或叠加，不认为具有创造性。例如：一项带有计算器的签字笔的发明，发明的内容是将已知的计算器安装在已知的签字笔的笔身上。将两种技术叠加后，两者仍各自以其常规的方式工作，在功能上没有相互作用关系，只是一种简单的叠加，因而这种组合发明不具备创造性。

3. 实用性：发明或者实用新型能够制造或者使用，并且产生积极效果。外观设计的实用性则体现在富有美感并适于工业应用的设计。授予专利权的发明或者实

[1] 参见《专利审查指南》（2010 版）第二部分第十章，5 化学发明的新颖性。

用新型，必须是能够解决技术问题，并且能够应用的发明或者实用新型。换句话说，如果申请的是一种产品（包括发明和实用新型），那么该产品必须在产业中能够制造，并且能够解决技术问题；如果申请的是一种方法（仅限发明），那么这种方法必须在产业中能够使用，并且能够解决技术问题。只有满足上述条件的产品或者方法专利申请才可能被授予专利权。发明或者实用新型专利申请是否具备实用性，应当在新颖性和创造性审查之前首先进行判断。具有实用性的发明或者实用新型专利申请主题，应当具有再现性。反之，无再现性的发明或者实用新型专利申请主题不具备实用性。再现性，是指所属技术领域的技术人员，根据公开的技术内容，能够重复实施专利申请中为解决技术问题所采用的技术方案。这种重复实施不得依赖任何随机的因素，并且实施结果应该是相同的。

不具备实用性包括以下六种情形：（1）无再现性。具有实用性的发明或者实用新型专利申请主题，应当具有再现性，不具有再现性不可以申请专利。（2）违背自然规律。（3）利用独一无二的自然条件的产品。（4）人体或者动物体的非治疗目的的外科手术方法。（5）测量人体或者动物体在极限情况下的生理参数的方法。（6）无积极效果。脱离社会需要的发明或者实用新型专利申请的技术方案不具备实用性。

（二）专利权取得的消极条件

相对于专利申请的积极条件，专利权取得的消极条件是指从反面来规定哪些发明创造不具有专利性，从而不能被授予专利。

专利权取得的消极条件有：

1. 违反法律、社会公共秩序的发明创造，不授予专利权。例如：制造印钞机，制造专门用于违法犯罪的工具等。

2. 违反法律、行政法规的规定获取或者利用遗传资源，并依赖该遗传资源完成的发明创造，不授予专利权。[1]遗传资源主要是指来自人类或动植物的具有遗传功能的基因、细胞等生物材料。如果允许改种技术成为专利，则有可能会引发公共安全问题以及触及人类道德底线的问题。

3. 《专利法》第25条规定的各项不能成为专利权的客体：

（1）科学发现。科学发现属于事实发现，是对自然界的客观现象、客观规律的认知。而发明创造是基于科学发现后，利用其背后的规律实现的某种改造客观时间的科学技术。

---

[1] 参见《专利法》第5条第2款。

（2）智力活动的规则和方法。智力活动属于人们对接收到的信息进行思考、记忆，属于生命体的大脑所具备的基本生命活动，不属于发明创造。

（3）疾病的诊断和治疗方法是指对生命体进行的疾病救治过程。有学者认为“疾病的诊断和治疗方法不授予专利，是因为我国目前医疗技术与发达国家相比尚有相当差距，而暂时不对疾病诊断和治疗授予专利权，是基于我国国情公共政策的选择。”[1]除此以外，其实不对疾病和治疗授予专利权，也是基于人类道德底线的考虑。试想某种疾病治疗的方法被授予专利权，病人看病的成本必然会更高。

（4）动物和植物品种。动植物品种属于自然生长，是大自然造物，而非人类发明。当然如果利用了动植物生长的规律，培养出新品种则可以获得专利保护。

（5）用原子核变换方法以及原子核变换方法获得的物质。基于公共安全考虑，该项技术不应由个人享有。

（6）对平面印刷品的图案、色彩或者二者的结合作出的主要起标识作用的设计。印刷品的图案、色彩其目的主要起到识别作用，使消费者能够清晰地选择自己需要的商品。所以该类图案、色彩及二者结合可以作为商标或者著作权来保护。

（三）专利申请应遵循的原则

1. 单一性原则。一件发明或者实用新型专利申请应当限于一项发明或者实用新型。属于一个总的发明构思的两项以上的发明或者实用新型，可以作为一个申请提出。一个外观设计专利申请应当限于一项外观设计。同一产品两项以上的相似外观设计，或者同一类别并且成套出售或者使用的产品的两项以上的外观设计，可以作为一个申请提出。[2]

2. 在先申请原则。专利权是一种独占权，同样的发明创造只能被授予一项专利权。但在现实中可能会发生两个不同的人完成了相同的发明创造，并且都向专利局递交专利申请的情况。这时候怎么办呢？从各国专利立法的发展状况来看，解决这一问题有两种办法，一是在先发明原则，二是在先申请原则。我国专利制度采用的是在先申请原则。我国《专利法》第 9 条规定：“两个以上的申请人分别就同样

[1] 王迁著.《知识产权法教程》，中国人民大学出版社，2021 年 8 月第七版，第 289 页。

[2] 参见《专利法》第 31 条

的发明创造申请专利的，专利权授予最先申请的人。”谁在先则由申请日[1]决定。

3. 优先权原则：优先权原则是《保护工业产权巴黎公约》（以下简称《巴黎公约》）确立的基本原则之一，它为国际专利申请提供了便利。依照《巴黎公约》，申请人在任一巴黎公约成员国首次提出正式专利申请后的一定期限内，又在其他《巴黎公约》成员国就同一主题内容的发明创造提出专利申请的，可将其首次申请日作为其后续申请的申请日。申请人享有的这种权利便是优先权。在要求优先权时，首次申请日被称作优先权日，享有优先权的一定期限被称作优先权期。

优先权只能在优先权期内提出。优先权的效力有一定的时间期限，超过了这一特定的期限，优先权自然失效。不同的专利种类的优先权期是不一样的。发明专利和实用新型专利的优先权期为12个月，外观设计专利的优先权期是6个月，均从首次申请日（优先权日）起算。

4. 书面申请原则。申请人为获得专利权所需履行的各种法定手续都必须依法以书面形式办理。我国《专利法实施细则》第2条规定：“专利法和本细则规定的各种手续，应当以书面形式或者国务院专利行政部门规定的其他形式办理。”由此可见，我国书面原则不仅仅体现在专利申请过程中，而且贯穿于专利权的产生、存续直至消灭的整个过程中。

实训四

【素材1】一种全球语言文字通用转换方法

申请内容概述：现有的自动翻译系统只是一对一、一对多或者多对多的语言处理系统，其存在的问题是程序复杂、各种词性的词性标注方式不同、数量繁多且复杂。针对上述缺陷，发明专利申请提供一种统一的、针对全球任意多种语言进行翻译的方法，利用与世界语辅助语标注方式相同的“全球语言文字输入方法”实现不同语言在语法、句法上一体化，在语言转换时，使用世界语和世界语辅助语作为机器翻译的中介语。

申请的权利要求：一种利用计算机进行全球语言文字通用转换的方法，包括以下步骤：将全球语言文字统一在单词后先以辅音字母标词法，后以辅音字母标句法

[1] 申请日的确定有几种情况：1）面交：专利局受理处或代办处窗口收到专利申请文件之日为申请日；2）邮寄：邮局邮寄到专利局受理处或代办处，以信封上寄出的邮戳为申请日。邮局快递EMS以接受日为申请日。其他快递公司以受理处收到日为申请日。3）电子递交：国家知识产权局专利电子申请系统收到电子文件之日为申请日。在专利申请实务中，申请日是重要的时间点，它的作用体现在：确定在先申请的地位；是专利保护期限、申请费、年费缴费期限的起算日；对于发明、实用新型，申请日是判断是否具有新颖性和创造性的时间界限；对于外观设计，申请日是判断外观设计是否符合授权标准的界限。

的方式，形成与各种录入语言相对应的录入语言辅助语；利用中介语与录入的语言辅助语的对应关系进行语言转换，所述中介语为世界语和世界语辅助语；

其特征在于，所述录入时的标词法和标句法方式与形成世界语辅助语的标词法和标句法方式相同，其中标词法方式为：-m 为名词，-x 为形容词，-y 为复数，-s 为数量词，-f 为副词；所述标句法的方式为：-z 为主语，-w 为谓语，-d 为定语，-n 为宾语，-b 为补语，其包括表语，-k 为状语。[1]

【思考题】该专利申请是否属于不予授权的情况？[2]

【素材 2】目前全球的碳排放愈演愈烈，各国都在为应对气候变化作出努力和尝试。有位科技人员提出了一种方案：建立一个超大功率的吸收器，全天候吸收空气中的二氧化碳并使其转化为人类可以利用的肥料。

【思考题】课堂分组讨论：该专利申请可否得到授权，为什么？[3]

二、专利申请流程

与著作权自作品创造完成之日起即自动产生不同，专利权只有经过国家专利行政主管部门的审查之后才能产生。专利申请流程包括专利申请文件的准备以及申请文件的递交等工作内容。

（一）申请文件的准备

根据不同种类的发明创造，专利申请人在提交申请时，必须提交下列专利申请文件：

1. 发明专利申请文件：请求书、权利要求书、说明书及必要的说明书附图、摘要及必要的摘要附图。依赖遗传资源完成的发明创造申请专利的，申请人应当在请求书中对遗传资源的来源予以说明，并填写遗传资源来源披露登记表，写明该遗

[1] 摘自《专利审查指南》【2010 版】第二部分第九章，第 263 页。这种解决方案虽然在主题名称中包括有计算机，但对其限定的全部内容只是利用统一的翻译中介语，通过人为规定全球语言文字的录入规则，实现对全球语言进行统一方式的翻译转换。该解决方案不是对机器翻译方法的改进，没有在机器翻译上体现不同语言文字自身固有的客观语言规律与计算机技术结合的改进，而是根据发明人自己的主观认识对语言文字转换规则进行重新规定和定义，所体现的只是录入语言辅助语与中介语的对应关系被统一于世界语辅助语的标词和标句规则，其本质属于专利法第二十五条第一款第（二）项规定的智力活动的规则和方法，不属于专利保护的客体。

[2] 这种解决方案虽然在主题名称中包括有计算机，但对其限定的全部内容只是利用统一的翻译中介语，通过人为规定全球语言文字的录入规则，实现对全球语言进行统一方式的翻译转换。该解决方案不是对机器翻译方法的改进，没有在机器翻译上体现不同语言文字自身固有的客观语言规律与计算机技术结合的改进，而是根据发明人自己的主观认识对语言文字转换规则进行重新规定和定义，所体现的只是录入语言辅助语与中介语的对应关系被统一于世界语辅助语的标词和标句规则，其本质属于专利法第二十五条第一款第（二）项规定的智力活动的规则和方法，不属于专利保护的客体。

[3] 认定属于该申请是否可以申请专利，关键看该专利申请是否符合新颖性、实用性和创造性。可以围绕三性展开讨论。

传资源的直接来源和原始来源。申请人无法说明原始来源的，应当陈述理由。

2. 实用新型专利申请文件：请求书、权利要求书、说明书及其附图、摘要及附图。

3. 外观设计专利申请文件：请求书、图片或者照片、简要说明。

专利请求书，专利请求书可以通过专利局网站下载到标准格式文本，申请人按照要求进行逐项填写。主要填写内容包括如下：

（1）发明创造的名称。名称应简短、准确（一般不多于25个字）。通常需要说明两方面内容，一是所属技术领域；二是发明种类，是产品还是方法。

例如："一种×××的方法及其装置"。产品名称一般应当符合国际外观设计分类表中小类列举的名称。产品名称通常还应当避免下列情形：

①含有人名、地名、国名、单位名称、商标、代号、型号或以历史时代命名的产品名称；②概括不当、过于抽象的名称，例如："文具""炊具""乐器""建筑用物品"等；③描述技术效果、内部构造的名称，例如："节油发动机""人体增高鞋垫""装有新型发动机的汽车"等；④附有产品规格、大小、规模、数量单位的名称，例如："21英寸电视机""中型书柜""一副手套"等；⑤以外国文字或无确定的中文意义的文字命名的名称，例如："克莱斯酒瓶"，但已经众所周知并且含义确定的文字可以使用，例如："DVD播放机""LED灯""USB集线器"等。[1]

（2）发明人/设计人。发明人/设计人只能是自然人，可以是一人或者多人。发明人可以请求不公布其姓名。

（3）申请人。根据申请人包括自然人和单位和所处的地区与国家不同，可分为：中国内地申请人，中国港澳台申请人，外国申请人。共同申请人是指两个或两个以上的申请人。申请人一栏必须填写申请人的姓名或名称。申请人是个人的，应当填写本人真实姓名，不得使用笔名，或者其他非正式姓名；申请人是单位的，应当填写单位正式全称，并与所使用公章上的单位名称一致。

（4）专利代理机构。若有委托专利代理机构办理专利事务，应填写此栏。在中国没有经常居所或者营业所的外国人，外国企业或者外国组织在中国申请专利的，应当委托依法设立的专利代理机构。

4. 权利要求书。权利要求书是指具体说明申请人就申请专利的发明创造请求专利法保护的范围的书面文件。权利要求书中可以有化学式或者数学式，必要时可以有表格，但不得有插图。权利要求两项以上的，应使用阿拉伯数字顺序编号，编

[1] 参见《专利审查指南》第一部分第三章，第73页。

号前不得冠以“权项”或“权利要求”字样。在专利申请被批准后，权利要求书即成为具体说明专利权限范围的书面文件。由于权利要求书具有这样的作用，所以其内容的书写要求精准和专业。一份权利要求书的撰写水平一定程度上反映了专利代理从业人员的业务能力。

5. 说明书。说明书是指具体阐述发明创造技术方案的书面文件。说明书既是专利技术的公开，说明书公开不充分或不完整，而申请人又拒绝就说明书中有缺陷的内容进行修改，那么将导致申请被驳回。

专利申请除了准备上述专利申请文件之外，根据申请专利内容的不同，还需要准备其他文件。

（二）专利申请的提交形式

申请人应当以电子形式或者纸件形式提交专利申请。

（1）申请人以电子文件形式申请专利的，应当事先办理电子申请用户注册手续，通过专利局专利电子申请系统向专利局提交申请文件及其他文件。

（2）申请人以纸体形式申请专利的，可以将申请文件及其他文件当面交到专利局的受理窗口或寄交至“国家知识产权局专利局受理处”。也可以当面交到设在地方的专利局代办处的受理窗口或寄交至“国家知识产权局专利局×××代办处”。

实训五

【素材 1】与发明人有效地沟通是专利代理人必备的职业素养，如何与发明人沟通也是一门艺术，将直接影响着专利代理人撰写出的专利申请文件的质量好坏。一般来讲，与发明人沟通可以分为三个环节：接到技术交底书之后的沟通准备工作，正式的沟通工作，沟通之后的工作。

【任务】请结合以上内容，查询相关资料，展开讨论三个沟通环节中分别需要做到的具体内容和技巧。

【素材 2】本申请：申请人发明了一种自动喷淋灭火水阀门装置，此装置是在水管关口设有封水圈和阀门塞，阀门塞塞于水圈的中心孔，阀门塞的开闭由一可燃性固定绳控制，当发生火灾，可燃性固定绳烧断之后，阀门塞即可被水冲开，用于灭火，同时进一步结合压缩弹簧的作用，使得可燃性固定绳被烧断之后，将阀门塞弹出，可燃性固定绳链接了若干根可延伸至建筑物各处的引火绳。

通过检索文献，找到最接近的专利文献，其公开了“遇火自动控制开关的装置”，其在水龙头的开关把柄一侧链接一个受拉伸的拉伸弹簧，另一侧链接了一个可燃性固定绳，两侧的平衡力使得开关把柄平衡时处于关闭状态，在发生火灾时使得可燃性固定绳烧断后，拉伸弹簧就可拉动开关把柄，打开开关放水灭火。区别点在于：（1）对比文献，只有火情扩大到阀门处时，才能防水救火，本申请有引火绳，可延伸至建筑物各处，扩大了救火范围。（2）本申请封水圈和阀门塞，以及打开装置是独立设计，对比文献，是结合现有的扳动开关使用，打开较为费力，且水龙头的球形阀门容易生锈，存在火灾时无法开启出水的风险。

通过分析，发现区别点后，申请人申请了实用新型。❶

【思考题】

（1）什么是专利文献？❷

（2）结合材料内容，思考专利文献在专利申请中的作用？❸

三、专利审批流程

依据专利法，发明专利申请的审批程序包括受理、初步审查、公布、实质审查以及授权五个阶段。实用新型或者外观设计专利申请在审批中不进行早期公布和实质审查，只有受理、初步审查和授权三个阶段。 在审批程序当中，还包含一种特殊情况下才出现的救济程序，即复审程序。

（一）初步审查

初步审查是专利审查程序的必经阶段，三种专利均需要经过初步审查。专利申请经过受理程序后就进入了初步审查阶段。国务院专利行政部门收到发明专利申请后，经初步审查认为符合本法要求的，自申请日起满 18 个月，即行公布。实用新型和外观设计专利申请经初步审查没有发现驳回理由的，由国务院专利行政部门做出授予实用新型专利权或者外观设计专利权的决定，发给相应的专利证书。❹

初步审查的具体事项见《专利法实施细则》第 44 条。可以看出，初步审查不仅包括形式审查，还包括审查专利申请会否存在明显违反法律的情况。通过初步审查可以减少和防止发明权、申请权和专利权方面的争议和纠纷，可以对专利代理机

❶ 摘自温旭主编：《知识产权业务律师基础实务》，中国人民大学出版社，2014 年。

❷ 世界知识产权组织 1988 年编写的《知识产权教程》阐述了现代专利文献的概念：专利文献是包含已经申请或被确认为发现、发明、实用新型和工业品外观设计的研究、设计、开发和试验成果的有关资料，以及保护发明人、专利所有人及工业品外观设计和实用新型注册证书持有人权利的有关资料的已出版或未出版的文件（或其摘要）的总称。专利文献不仅向人们提供了发明创造技术内容，同时也向竞争对手展示了专利保护范围。

❸ 每一件发明专利申请在被授予专利权前都应当进行检索。检索是发明专利申请实质审查程序中的一个关键步骤，其目的在于找出与申请的主题密切相关或者相关的现有技术中的对比文件，或者找出抵触申请文件和防止重复授权的文件，以确定申请的主题是否具备专利法规定的新颖性、创造性及实用性的规定。

❹ 参见《专利法》第 34 条。

构和代理人的工作进行监督，保护申请人的合法权益。初审还常被用来保护国家和公众利益。例如，初步审查可以包括有保密审查的内容，包括专利申请是否违反国家法令和公告及妨碍其他公共利益的内容。

（二）早期公布

早期公布程序只适用于发明专利申请，实用新型和外观设计专利申请则没有早期公布程序。早期公布是指将专利申请的内容发表在《专利发明公报》上。但这时候专利申请还没有获得授权，所以早期公布不同于授权之后的公告。

（三）实质审查

实质审查程序只适用于发明专利申请，实用新型和外观设计专利申请则没有实质审查程序。除专利法及其实施细则另有规定外，实质审查程序只有在申请人提出实质审查请求的前提下才能启动。发明专利已经在外国提出过申请的，国务院专利行政部门可以要求申请人在指定期限内提交该国为审查其申请进行检索的资料或者审查结果的资料。自申请日起三年内，国务院专利行政部门可以根据申请人随时提出的请求，对申请进行实质审查。申请人无正当理由逾期不请求实质性审查的，该申请即被视为撤回。[1]

实质审查的内容主要是专利授权的积极条件，即新颖性、创造性和实用性。

国务院专利行政部门对发明专利申请进行实质审查后，认为不符合本法规定的，应当通知申请人，要求其在指定的期限内陈述意见，或者对其申请进行修改；无正当理由逾期不答复的，该申请即被视为撤回。

（四）专利复审

实用新型、外观设计和发明专利申请经过初步审查、发明专利经过实质审查，如果审查员发现专利申请存在不能克服的缺陷或者经发出审查意见通知书仍不能克服缺陷的，国务院专利行政部门作出驳回通知书。如果专利申请人对国务院专利行政部门驳回申请的决定不服的，可以自收到通知之日起 3 个月内，向国务院专利行政部门请求复审。根据《专利法》第 41 条规定，国务院专利行政部门对复审请求进行受理和审查，并作出决定。专利申请人对国务院专利行政部门的复审决定不服的，可以自收到通知之日起三个月内向人民法院起诉。

（五）授权决定、登记和公告

这是三种专利均有的程序。发明专利申请经实质审查没有发现驳回理由的，由国务院专利行政部门做出授予发明专利权的决定，同时予以登记和公告。实用新型

---

[1] 参见《专利法》第 35 条。

和外观设计专利申请经初步审查没有发现驳回理由的，由国务院专利行政部门做出授予实用新型专利权或者外观设计专利权的决定，同时予以登记和公告。

专利权自公告之日起生效。

实训六

【素材】王某是某单位的技术人员，在2010年，他开发了以芝麻为主要原料的系列饮料。同年10月，王某向国家知识产权局就上述发明提交了专利申请书，该部门于当年的10月5日下达了受理通知书，专利申请号为201010005211.X。但是直到2012年10月，王某都没有收到专利授权通知书，也没有收到专利申请驳回通知书。

【任务】课堂分组讨论：王某的专利到底出了什么问题？该专利申请的法律状态如何？[1]

四、专利无效宣告程序

专利权的无效宣告是指已经授权公告的专利因不符合专利法的规定，根据有关单位或个人的请求，经国务院专利行政部门审查并作出决定的程序。专利无效宣告的程序如下：

1. 专利无效宣告请求的提出。

自国务院专利行政部门公告授予专利权之日起，任何单位或者个人认为该专利权的授予不符合专利法有关规定的，可以请求国务院专利行政部门宣告该专利权无效。

无效宣告请求书应当明确无效宣告请求范围，以及提出无效宣告请求的理由和证据。

无效宣告请求的理由仅限于专利法实施细则第65条第2款规定的理由，不属于的，不予受理。

2. 专利无效宣告请求的审查。

国务院专利行政部门在决定受理无效宣告请求后，将请求书和有关文件副本送交专利权人，并要求其在指定的期限内陈述意见。没有陈述意见的，不影响无效宣告程序的进行。国务院专利行政部门主要根据《专利法》《专利法实施细则》和《专利审查指南》的具体规定审查请求人的理由是否成立。

在无效宣告请求受理后，国务院专利行政部门会成立合议组对该无效宣告请求

---

[1] 分析初步审查、早起公布、实质审查和授权需要申请人履行的法定手续，关键看实质审查程序的启动需要申请人履行何种手续。

进行审查，专利复审委员会根据当事人的请求或者案情需要，可以决定对无效宣告请求进行口头审理。口头审理的具体程序如下：

第一阶段：在口头审理开始前，会议组应当对参加口头审理的人员进行身份核验，确认参审人员资格。口头审理由合议组组长主持。合议组组长宣布口头审理开始后，介绍合议组成员，由当事人介绍出席口头审理的人员，有双方当事人出庭的，还应当询问双方当事人对于对方出席人员资格有无异议。合议组组长宣读当事人的权利和义务。询问当事人是否请求审案人员回避，是否请证人作证和请求演示物证。在有双方当事人参加的口头审理中，还应当询问当事人是否有意愿和解，没有意愿则口头审理继续。

第二阶段：先由无效宣告请求人陈述无效宣告请求的范围及其理由，并简要陈述有关事实和证据，再由专利权人进行答辩。合议组就案件的无效宣告范围、理由和各方当事人提交的证据进行核对，确定口头审理的审理范围。接着，由无效宣告请求人就无效宣告主要理由及所依据的事实和证据进行举证，然后由专利权人进行质证，需要时专利权人可以提出反证，由对方当事人进行质证。合议组成员可以就有关事实和证据向当事人或者证人提问，也可以要求当事人或者证人做出解释。

第三阶段：口头审理辩论。双方当事人在对证据和事实无争议的情况下，对双方当事人在证据和事实予以确认的基础上，直接进行口头辩论。辩论完毕后，合议组组长宣布辩论终结，由双方当事人做最后意见陈述。

第四阶段：合议组可以根据案情需要休庭合议。案件事实已查清，可以做出审查决定等结论，至此，口头审理结束。

3. 专利无效宣告决定。

专利复审委经过审查，会做出宣告无效或者维持专利有效的决定，并通知请求人和专利权人。宣告无效的决定，由国务院专利行政部门登记和公告。

对于国务院专利行政部门的上述决定，请求人和专利权人均可在规定的期限内向法院提起诉讼。

另外需要注意的是，如果请求人针对其中一部分产品专利的无效宣告理由成立，针对其余产品的专利的无效宣告理由不成立，则无效宣告请求审查决定应当宣告无效宣告理由成立的该部分产品无效，并且维持其余产品的专利有效。

一项专利被宣告部分无效后，宣告无效的专利权既视为自始不存在。但是被维持的部分（包括修改后的权利要求）也同时应视为自始即存在。宣告专利权无效的决定，对在宣告专利权无效前人民法院做出并执行的专利侵权的判决、调解书，已经履行或者强制执行的专利侵权纠纷处理决定，以及已经履行的专利实施许可合同和专利权转让合同，不具有追溯力。

实训七

【素材】请求人某智能航空技术有限公司就专利权人某创新科技有限公司的实用新型专利权（专利号：ZL201220686731.2）向国家知识产权局提出无效宣告请求。

在无效审查阶段，请求人提出 2012 年 8 月 29 日第九届上海国际模型展览会上思某利公司展出了与本专利相关的多轴飞行器（证据 19）：以证明专利权人的专利不具有新颖性：

证据 19 公证书，其包含以下 5 个部分：1. 网易新闻中心对“第九届上海国际模型展览会开幕”的新闻报道的网页截屏；2. 思某利公司参加上海国际模型展览会”的模型展示图的网页截屏；3. 在“模型中国论坛”上，由网友发布的文章《上海模展多旋翼篇上图了！！！》的网页截屏；4. 在“5iMX 论坛”上，由网友发布“【第九届上海模展】上海模展上图了！！多旋翼篇！！”的文章的网页截屏；5. 优酷网上传的标题为“shanghai model show”视频的网页截屏。

专利权人主张：证据 19-3 的“模型中国论坛”并非一个具有公信力的权威网站，不认可其公开内容的真实性；证据 19-5 中优酷网上的视频上传时可以进行加密处理，可以设置成不是公众想得知就可以得知的状态，该时间仅表示上传时间并不能证明一定是公开时间。

本案中，对于上述证据 19-3、19-4 和 19-5，专利权人均未提出相关反证或合理理由以证明网页上公布的信息存在虚假和修改的可能。[1]

【思考题】本案的争议焦点是什么？讨论如果本案请求人提交的互联网证据 19 具有真实性和公开性，本案中该专利是否属于不予授权的情况？

五、专利权的利用

专利权的利用是专利权人实现专利经济价值的主要方式，专利权的利用主要包括专利权的转让、许可等法律行为，同时专利权在利用过程中也要受到一定的限制。

[1] 摘编自国家知识产权局公布 2020 年十大复审和无效案：https://www.cnipa.gov.cn/art/2020/6/17/art_2648_166713.html。（张青、冯涛：《评析“多旋翼无人飞行器”实用新型专利权无效宣告请求案》，原载中国知识产权报。）

（一）专利权的实施许可

1. 专利的实施许可的概念。

专利的实施许可指专利权人或者其授权的人许可他人在一定范围内实施其专利，被许可人支付使用费的一种法律行为。专利实施许可不同于专利权的转让，专利权的主体并不发生改变。

2. 专利的实施许可合同。

任何单位或者个人实施他人专利的，应当与专利权人订立实施许可合同，向专利权人支付专利使用费。被许可人无权允许合同规定以外的任何单位或者个人实施该专利。

专利实施许可合同是指专利权人或者其授权的人作为许可人，许可他人在一定范围内实施专利，被许可人支付约定的使用费的合同。有关合同订立、生效、解除等方面的一般性规定，企业用《中国人民共和国民法典》的相关规定。

3. 专利实施许可合同的种类。

专利实施许可合同的种类包括独占实施许可合同、排他实施许可合同、普通实施许可合同、交叉实施许可合同、从分许可合同。

独占实施许可合同是指被许可人在约定的时间和地域内对许可人的专利享有独占实施权，包括许可人在内的任何人不得在上述范围内实施该专利，许可人也不能在上述范围内许可第三方签订针对本专利的实施许可合同。

排他实施许可合同是指被许可人在约定的时间和地域内对许可人的专利享有独家实施权，许可人不能在上述范围内许可第三方签订针对本专利的实施许可合同，但是许可人可以在上述范围内实施该专利。

普通实施许可合同是指被许可人在约定的时间和地域内对许可人的专利享有实施权，许可人可以在上述范围内许可第三方签订针对本专利的实施许可合同，许可人也可以在上述范围内实施该专利。

从分许可合同是指在实施许可合同中如果允许被许可人再与第三方签订实施许可合同，那么被许可人与第三人就该专利签订的实施许可合同就属于从分许可合同。

交叉实施许可合同是指当事人之间以各自的专利技术作为合同标的进行对等交换实施的合同。

4. 专利实施许可合同的内容。

专利实施许可合同在我国民法典合同编的第二十章有相关规定，属于技术转让许可合同。专利实施许可合同一般包括下列条款：（1）合同当事人的名称、姓名和住所；（2）实施许可的发明创造的名称和内容；（3）专利申请日、申请号、专利号和专利权的有效期限；（4）专利实施许可的种类；（5）技术情报和资料的保密；（6）技术服务和人员培训；（7）验收标准和方式；（8）使用费的确定和支付方式；（9）合同担保；（10）违约金及损害赔偿额的确定；（11）技术的改进和发展；（12）争议解决办法和适用的法律；（13）合同的生效、有效期、终止、期满及延期等。

5. 专利实施许可合同的备案。

专利权人与他人订立的专利实施许可合同，应当自合同生效之日起 3 个月内向国务院专利行政部门备案。备案申请表文本如下：

专利实施许可合同备案申请表[1]

<table>
<tr><td rowspan="4">许可专利</td><td colspan="2">专利名称</td><td colspan="4">专利（申请）号</td></tr>
<tr><td colspan="2"></td><td colspan="4"></td></tr>
<tr><td colspan="2"></td><td colspan="4"></td></tr>
<tr><td colspan="2"></td><td colspan="4"></td></tr>
<tr><td rowspan="2">许可方</td><td>名称</td><td colspan="3"></td><td>电话</td><td></td></tr>
<tr><td>地址</td><td colspan="3"></td><td>邮编</td><td></td></tr>
<tr><td rowspan="2">被许可方</td><td>名称</td><td colspan="3"></td><td>电话</td><td></td></tr>
<tr><td>地址</td><td colspan="3"></td><td>邮编</td><td></td></tr>
<tr><td rowspan="2">代理人</td><td>机构名称</td><td></td><td>姓名</td><td></td><td>电话</td><td></td></tr>
<tr><td>地址</td><td colspan="3"></td><td>邮编</td><td></td></tr>
<tr><td rowspan="3">合同信息</td><td>许可种类</td><td colspan="2">☐独占许可 ☐排他许可
☐普通许可 ☐交叉许可 ☐分许可</td><td colspan="2">专利许可
地域范围</td><td></td></tr>
<tr><td>使用费用</td><td>☐人民币
☐美元</td><td>支付方式</td><td colspan="3"></td></tr>
<tr><td>生效日期</td><td></td><td>终止日期</td><td colspan="3"></td></tr>
<tr><td>许可方声明</td><td></td><td colspan="5">☐专利实施许可合同符合《专利实施许可合同备案办法》相关规定</td></tr>
<tr><td></td><td colspan="5">☐不存在违反专利法第 14 条相关规定的情形</td><td></td></tr>
<tr><td colspan="2">许可方签章：
年 月 日</td><td colspan="2">代理机构签章：
年 月 日</td><td colspan="3">审查意见：
年 月 日</td></tr>
</table>

（二）专利权的转让

1. 专利权的转让是指专利权的主体发生了变更。专利权的转让和实施许可是两种不同性质的法律行为，差别在于：

（1）两者的标的不同。专利权转让的标的是专利权本身，而专利的实施许可的

[1] 国家知识产权局 2021 年 6 月发布：https://www.cnipa.gov.cn/art/2021/6/1/art_187_110000.html.

标的是实施权。

（2）专利权的归属不同。专利权转让之后权利归属于受让人，而不是原专利权人；而专利实施许可专利权利的归属是许可人，还是原专利权人。

（3）是否存在期限不同。专利权的转让不存在期限问题，一旦转让就不存在到了一定期限专利权归还原专利权人的可能。专利权的实施许可存在期限问题，到了约定的期限则被许可人则不再享有实施该专利的权利。

（4）诉讼地位不同。专利权转让的受让人享有原专利权人的所有权利，可以自己名义起诉侵权者维护自己的合法权益；而专利实施许可的被许可人则并不当然地享有以自己的名义起诉侵权者的权利，除了独占实施许可的被许可人之外并不享有独立的诉讼地位。

2. 专利权转让合同。

转让专利权的，当事人应当订立书面合同。

专利权转让合同是指专利权人作为转让人将其专利的专有权移交给受让人，受让人支付约定价款所订立的合同。专利权转让合同属于技术转让合同。专利权转让合同一般包括下列条款：（1）合同当事人的名称、姓名和住所；（2）要转让的发明创造的名称和内容；（3）专利申请日、申请号、专利号和专利权的有效期限；（4）专利实施和实施许可的情况；（5）技术情报和资料的保密；（6）价款及其支付方式；（7）违约金或者损害赔偿的计算方法；（8）争议的解决办法。

3. 专利权转让的生效。

转让专利权的，当事人应当订立书面合同，并向国务院专利行政部门登记，由国务院专利行政部门予以公告。专利权的转让自登记之日起生效。

（三）专利权行使时的限制

专利法规定了五种未经专利权人的许可以生产经营为目的使用专利的行为，这些行为因为符合法律的规定，所以不视为侵权。

1. 专利权实施。专利产品或者依照专利方法直接获得的产品，由专利权人或者经其许可的单位、个人售出后，使用、许诺销售、销售、进口该产品的，不侵犯专利权。

2. 先用权。在专利申请日前已经制造相同产品、使用相同方法或者已经做好制造、使用的必要准备，并且仅在原有范围内继续制造、使用的，不属于侵犯专利权的行为。

3. 临时过境的外国运输工具运行中的使用。临时通过中国领土、领水、领空的外国运输工具，依照其所属国同中国签订的协议或者共同参加的国际条约，或者依照互惠原则，为运输工具自身需要而在其装置和设备中使用有关专利的，不用经过专利权人的许可。

4. 合理使用。专为科学研究和实验而使用有关专利的，不属于侵犯专利权的行为。

5. 为药品和医疗器械行政审批提供信息的制造、使用和进口专利产品行为。为提供行政审批所需要的信息，制造、使用、进口专利药品或者专利医疗器械的，以及专门为其制造、进口专利药品或者专利医疗器械的，不视为侵犯专利权。

另外，《专利法》第 67 条规定，在专利侵权纠纷中，被控侵权人有证据证明其实施的技术或者设计属于现有技术或现有设计的，不构成侵犯专利权。

（四）专利实施的强制许可

专利实施的强制许可是指国务院专利行政部门依法定条件和程序颁发的实施专利的许可。这一许可不必经专利权人的同意就可以实施专利。强制许可不适用于外观设计专利。

强制许可的五种情形。强制许可主要有以下五种情形：第一，专利权人自专利被授权之日起满三年，且自提出专利申请之日起满四年，无正当理由未实施或者未充分实施其专利的，如果具备实施条件的单位或者个人提出申请，国务院专利行政部门可以给予强制许可。第二，专利权人行使专利权的行为被依法认定为垄断行为，为消除或者减少该行为对竞争产生的不利影响，如果具备实施条件的单位或者个人提出申请，国务院专利行政部门可以给予强制许可。第三，在国家出现紧急状态或者非常情况时，或者为了公共利益的目的，国务院专利行政部门可以给予实施发明专利或者实用新型专利的强制许可。第四，为了公共健康目的，对取得专利权的药品，国务院专利行政部门可以给予制造并将其出口到符合中华人民共和国参加的国家条约规定的国家和地区的强制许可。第五，一项取得专利权的发明或实用新型技术相较之前已经取得专利权的发明或者实用新型具有显著经济意义的重大技术进步，其实施又有赖于前一发明或者实用新型的实施的，国务院专利行政部门根据后一专利权人的申请，可以给予实施前一发明或者实用新型的强制许可。

专利实施强制许可的注意事项：

第一，取得实施强制许可的单位或者个人不享有独占的实施权，并且无权允许他人实施。

第二，取得实施强制许可的单位或者个人应当付给专利权人合理的使用费，或者依照中国参加的有关国际条约的规定处理使用费问题。付给使用费的，其数额由双方协商，协商不能达成协议的，由国务院专利行政部门裁决。

第三，专利权人对国务院专利行政部门关于实施强制许可的决定不服的，专利权人和取得实施强制许可的单位或者个人对国务院专利行政部门关于实施强制许可的使用费的裁决不服的，可以自收到通知书之日起 3 个月内向人民法院起诉。

实训八

【素材 1】中国甲公司的一项发明在中国和 A 国均获得了专利权。中国的乙公司与甲公司签订了中国地域内的专利独占实施合同。A 国的丙公司与甲公司签订了在 A 国地域内的专利普通实施合同并制造专利产品，A 国的丁公司与乙公司签订了在 A 国地域内的专利普通实施合同并制造专利产品。中国的戊公司、己公司分别从丙公司和丁公司进口这些产品到中国使用。

【任务】上述哪家公司违反了所签署的专利实施许可合同？哪家公司构成侵权？❶

【素材 2】甲、乙、丙三人共同发明一种变色圆珠笔，并获得专利授权。2018 年甲、乙、丙与 A 公司签署专利权转让合同，将专利权完全转让给 A 公司。后因 A 公司未按约定支付 9 万元转让费，甲将 A 公司起诉至法院，认为其行为已构成违约，请求判决 A 公司向甲支付转让费 3 万元及相应违约金。

【思考题】课堂分组讨论：甲的诉讼请求是否应得到法院支持？说明理由。❷

六、专利保护范围的确定及侵权判断

要认定专利的侵权行为，即除法定抗辩事由外未经许可实施专利的行为，前提就是确定专利权的保护范围，也就是何种产品或方法属于专利产品或专利方法。确

❶ 认定侵权及违约公司的关键是分析其所签署的专利实施许可合同的种类，根据不同合同种类实施许可权的性质和范围的不同来确定是否构成合同违约及专利侵权。

❷ 判断甲的诉讼请求是否合理，关键看该专利权转让合同是否有效，了解专利权共有人在签署合同时的法律规定。专利技术转让合同包括专利权转让、专利申请权转让和专利技术秘密转让合同。本案属于专利权转让合同。根据《专利法》第 10 条第 2 款的规定，转让专利权的，当事人应当订立书面合同，并向国务院专利行政部门登记，由国务院专利行政部门予以公告。专利权的转让自登记之日起生效。又根据《民法典》502 条第 2 款的规定，依照法律、行政法规的规定，合同应当办理批准等手续的，依照其规定。未办理批准手续影响合同生效的，不影响合同中履行报批义务等条款以及相关条款的效力。本案中，甲、乙与 A 公司签订的专利权转让合同未履行专利法规定的登记手续。对此可以有两种解读：1. 影响合同效力，但甲、乙仍有义务协助 A 公司履行专利权转让合同的登记，A 公司未支付价款，甲可以主张缔约过失责任；2. 不影响合同效力，但由于该专利权转让合同未登记，专利权转让未生效，专利权不发生转移。A 公司未支付价款，影响合同履行，甲可以主张违约责任。

定了专利权的保护范围后，如果认定被控侵权产品或专利方法落入了专利权的保护范围时，他人未经许可实施专利的行为则被视为侵权。

（一）发明和实用新型专利权的保护范围的确定

根据我国《专利法》第 26 条规定，申请发明或者实用新型专利的，应当提交请求书、说明书及其摘要和权利要求书等文件。权利要求书应当以说明书为依据，清楚、简要地限定要求专利保护的范围。

《最高人民法院关于审理侵犯专利权纠纷案件应用法律若干问题的解释（二）》（法释〔2020〕）第 1 条规定："权利要求书有两项以上权利要求的，权利人应当在起诉状中载明据以起诉被诉侵权人侵犯其专利权的权利要求。"第 8 条第 2 款规定："与说明书及附图记载的实现前款所称功能或者效果不可缺少的技术特征相比，被诉侵权技术方案的相应技术特征是以基本相同的手段，实现相同的功能，达到相同的效果，且本领域普通技术人员在被诉侵权行为发生时无需经过创造性劳动就能够联想到的，人民法院应当认定该相应技术特征与功能性特征相同或者等同。"另外，根据该解释第三条的规定："因明显违反专利法第二十六条第三款、第四款导致说明书无法用于解释权利要求，且不属于本解释第四条规定的情形，专利权因此被请求宣告无效的，审理侵犯专利权纠纷案件的人民法院一般应当裁定中止诉讼；在合埋期限内专利权未被请求宣告无效的，人民法院可以根据权利要求的记载确定专利权的保护范围。"

由此可见，发明和实用新型专利权的保护范围以权利要求书的记载为准，说明书及附图可以用于解释权利要求。

（二）外观设计专利权的保护范围的确定

《专利法》第 27 条规定，申请外观设计专利的，应当提交请求书、该外观设计的图片或者照片以及对该外观设计的简要说明等文件。申请人提交的有关图片或者照片应当清楚地显示要求获得专利保护的产品的外观设计。

外观设计的保护范围以表示在图片或者照片中的外观设计产品为准。

《最高人民法院关于审理侵犯专利权纠纷案件应用法律若干问题的解释（二）》（法释〔2020〕）第 15 条规定："对于成套产品的外观设计专利，被诉侵权设计与其一项外观设计相同或者近似的，人民法院应当认定被诉侵权设计落入专利权的保护范围。"

（三）侵犯发明和实用新型专利权的判断规则

1. 全面覆盖原则。判定被诉侵权技术方案是否落入专利权的保护范围，应当审查权利人主张的权利要求所记载的全部技术特征。

被诉侵权技术方案包含与权利要求记载的全部技术特征的，应当认定其落入专利权的保护范围；被诉侵权技术方案的技术特征与权利要求记载的全部技术特征相比，缺少权利要求记载的一个以上的技术特征，应当认定其没有落入专利权的保护范围。

2. 等同原则。在判定被诉侵权技术方案是否包含了权利要求记载的全部技术特征时，还需要判断被诉侵权技术方案是否以基本相同的手段和方式替换了专利文件所记载的一个以上的，实现基本相同的功能，达到基本相同的效果，并且是本领域普通技术人员在被诉侵权行为发生时无需经过创造性劳动就能够联想到的特征。

（四）侵犯外观设计专利权的判断规则

在与外观设计产品相同或者相近种类产品上，采用与授权外观设计相同或者近似的外观设计的，人民法院应当认定被诉侵权设计落入外观设计的保护范围。

（1）侵权产品与外观设计专利产品的相同或近似种类的判断。判定外观设计产品与侵权产品是否相同或近似，人民法院应当根据外观设计产品的用途来判定；产品的功能以及产品销售、实际使用的情况等因素综合考察。

（2）外观设计相同或近似的判断。人民法院应当以外观设计专利产品的一般消费者的知识水平和认知能力，判断外观设计是否相同或者近似。人民法院认定外观设计是否相同或者近似时，应当根据授权外观设计、被诉侵权设计的设计特征，以外观设计的整体视觉效果进行综合判断；对于主要由技术功能决定的设计特征以及对整体视觉效果不产生影响的产品的材料、内部结构等特征，应当不予考虑。被诉侵权设计与授权外观设计在整体视觉效果上无差异的，人民法院应当认定两者相同；在整体视觉效果上无实质性差异的，应当认定两者近似。

（五）侵害发明和实用新型、外观设计专利权的行为

1. 直接侵权。发明和实用新型专利权、外观设计专利权被授予后，除本法另有规定的以外，任何单位或者个人未经专利权人许可，都不得实施其专利，即不得为生产经营目的制造、使用、许诺销售、销售、进口其专利产品，或者使用其专利方法以及使用、许诺销售、销售、进口依照该专利方法直接获得的产品。

2. 间接侵权。教唆、帮助他人实施侵权行为的人，为共同侵权人，应当承担连带民事责任。

实训九

【素材 1】王某向国家知识产权局申请了“旋转式圆珠笔”的实用新型专利权。她向宁波市中级人民法院起诉称，某文具厂在网上销售的旋转式圆珠笔 A 款、B 款均侵害了她的专利权，要求该文具厂赔偿各项损失 10 多万元。

一审期间，文具厂承认制造、销售被诉侵权产品，但辩称所使用的是现有技术，并提供了两份公证书作为证据，其中一份公证书显示该厂在京东网的销售记录及评价；另一份公证书记载了该厂在京东网上销售被诉侵权产品的订单及其交易快照，该订单的成交时间早于涉案专利申请日。

【思考题】如果法院认定该文具厂制造和销售的是现有技术，王某的赔偿请求能否成立？❶

【素材 2】根据下列材料，完成指定的实训任务。

A 厂研制出一种 N 型电灯开关并申请专利，通过专利审查后，A 厂获得发明专利权。同年，B 厂自行研制出这种 N 型电灯开关，且已生产了两批 2000 个该类开关，并开始在市场销售。A 厂发现 B 厂销售行为后，遂与 B 厂交涉，但 B 厂认为自己的行为并不构成侵权。

【思考题】B 厂是否侵犯了 A 厂的专利权？为什么？❷

七、专利侵权纠纷的解决

我国对于专利侵权纠纷采取行政处理和司法审判两种途径解决。未经专利权人许可，以生产经营为目的实施其专利的，即侵犯其专利权，引起纠纷的，由当事人协商解决；不愿协商或者协商不成的，专利权人或者利害关系人可以向人民法院起诉，也可以请求管理专利工作的部门处理。

侵犯专利权的法律责任，包括民事责任、行政责任和刑事责任。

（一）民事责任

1. 专利侵权纠纷的法院管辖。

根据《最高人民法院关于〈中华人民共和国民事诉讼法〉的解释》第 2 条规定：“专利纠纷案件由知识产权法院、最高人民法院确定的中级人民法院和基层人民法院管辖。”另外，根据《民事诉讼法》第 28 条的规定：“因侵犯专利权行为提

❶ 认定是否构成专利侵权，关键看被控侵权产品是否落入专利权的保护范围，以及被控侵权人是否实施了侵权行为。

❷ 要认定 B 厂是否构成专利侵权，需准确理解先用权规则的含义，并将其应用到案例分析中。

起的诉讼，由侵权行为地或者被告住所地人民法院管辖。”侵权行为地包括：被诉侵犯发明、实用新型专利权的产品的制造、使用、许诺销售、销售、进口等行为的实施地；专利方法使用行为的实施地，依照该专利方法直接获得的产品的使用、许诺销售、销售、进口等行为的实施地；外观设计专利产品的制造、许诺销售、销售、进口等行为的实施地；假冒他人专利的行为实施地。上述侵权行为的侵权结果发生地。

原告仅对侵权产品制造者提起诉讼，未起诉销售者，且侵权产品制造地与销售地不一致的，制造地人民法院有管辖权；以制造者与销售者为共同被告起诉的，销售地人民法院有管辖权。销售者是制造者分支机构，原告在销售地起诉侵权产品制造者制造、销售行为的，销售地人民法院有管辖权。

2. 专利侵权纠纷的诉讼时效。

侵犯专利权的诉讼时效为三年，自专利权人或者利害关系人知道或者应当知道侵权行为之日起计算。权利人超过三年起诉的，如果侵权行为在起诉时仍在继续，在该项专利权有效期内，人民法院应当判决被告停止侵权行为，侵权损害赔偿数额应当自权利人向人民法院起诉之日起向前推算三年计算。

3. 专利侵权民事责任。

《民法典》第1167条规定，侵权行为危及他人人身、财产安全的，被侵权人有权请求侵权人承担停止侵害，排除妨碍，消除危险等侵权责任。当然，由于侵权给权利人造成的损失，侵权人应当赔偿。侵权人对自身的侵权行为应当承担的民事责任有停止侵害、赔偿损失和消除影响。

（1）停止侵害。专利侵权一般在时间上都有一定的持续性，因此停止侵害是为了避免损失扩大的一种有效手段。停止侵害一般是在认定侵权行为后采取的一种权利救济方式，但也可以作为一种预防措施采用。

（2）赔偿损失。即是指由侵权人赔偿专利权人及其利害关系人由于其侵权行为造成的损失。

侵犯专利权的赔偿数额按照权利人因被侵权所受到的实际损失确定；实际损失难以确定的，可以按照侵权人因侵权所获得的利益确定。权利人的损失或者侵权人获得的利益难以确定的，参照该专利许可使用费的倍数合理确定。对故意侵犯专利权，情节严重的，可以按照上述方法确立数额的一倍以上五倍以下确定赔偿数额。

权利人的损失、侵权人获得的利益和专利许可使用费均难以确定的，人民法院可以根据专利权的类型、侵权行为的性质和情节等因素，确定给予三万元以上五百万元以下的赔偿。

（3）消除影响。侵权行为人在实施侵权行为的过程中如果给专利权人的商业信誉造成损害的，侵权行为人应当承担消除影响的法律责任。包括通过新闻媒体公开声明，以消除对专利权人造成的不良影响。

（二）行政责任

行政机关在处理专利侵权纠纷时，有权对专利侵权行为进行查处，并根据调查结果作出决定，可以责令专利侵权人承担立即停止侵权、罚款等行政决定。同时行政机关还可以应当事人的请求，就侵权赔偿数额进行调解。

1. 行政处罚。

管理专利工作的部门，认定侵权行为成立的，可以责令侵权人立即停止侵权行为。

当事人不服的，可以自收到处理通知之日起十五日内依照《中华人民共和国行政诉讼法》向人民法院起诉；侵权人期满不起诉又不停止侵权行为的，管理专利工作的部门可以申请人民法院强制执行。

2. 行政调解。

进行处理的管理专利工作的部门应当事人的请求，可以就侵犯专利权的赔偿数额进行调解；调解不成的，当事人可以依照《中华人民共和国民事诉讼法》向人民法院起诉。

（三）刑事责任

《刑法》第 216 条规定了假冒专利罪，对于假冒专利的行为，情节严重的，处 3 年以下有期徒刑或者拘役，并处或者单处罚金。该罪的主体是一般主体。客观方面，假冒他人专利的行为主要表现在：未经专利权人同意，在其制造、使用或者出售的产品上标注、缀附或者在与该产品有关的广告中冒用专利权人的姓名、专利名称、专利号或者专利权人的其他专利标记的行为。另外，需要注意的是假冒专利行为必须是发生在专利权期限内。对于假冒专利的行为，情节严重的才构成犯罪。关于何为假冒专利的行为，什么情况属于情节严重，司法解释做了明确规定。

《最高人民法院、最高人民检察院〈关于办理侵犯知识产权刑事案件具体应有法律若干问题的解释〉》（法释［2004]19 号）第 4 条规定：假冒他人专利，具有以下情形之一的，属于《刑法》第 216 条规定的“情节严重”应当以假冒专利罪判处 3 年以下有期徒刑或者拘役，并处或者单处罚金：（1）非法经营数额在 20 万元以上或者违法所得数额在 10 万元以上的；（2）给专利权人造成直接经济损失 50 万元以上的;(3)假冒两项以上他人专利,非法经营数额在10万元以上或者违法所得数额在5万元以上的;(4)其他严重情形。

该解释第10条规定:实施下列行为之一的,属于刑法第216条规定的“假冒他人专利”的行为:(1)未经许可,在其制造或者销售的产品、产品的包装上标注他人专利号的;(2)未经许可,在广告或者其他宣传材料中使用他人的专利号,使人将所涉及的技术误认为是他人专利技术的;(3)未经许可,在合同中使用他人的专利号,使人将合同涉及的技术误认为是他人专利技术的;(4)伪造或者变造他人的专利证书、专利文件或者专利申请文件的。

实训十

【素材1】海林公司针对春泉公司的专利号为ZL200810231195.5号、名称为“基于电压互感技术的多档速电机档位识别方法及装置”的发明专利(以下简称本专利)提出专利权无效宣告请求,国家知识产权局国务院专利行政部门依据《专利法》第22条第3款的规定,作出了第24566号《无效宣告请求审查决定书》,宣告本案专利权全部无效。

春泉公司不服,向北京知识产权法院提起诉讼,请求撤销被告国务院专利行政部门作出的第24566号行政决定。

北京知识产权法院经审理认为,该专利各权利要求均具备创造性,遂撤销了被诉决定并责令国务院专利行政部门重新作出决定。

【思考题】分析该案属于哪类纠纷?

【素材2】西班牙车辆座位制造工业公司是“交通工具的座椅”外观设计专利权人。该公司认为金龙联合汽车工业(苏州)有限公司制造、销售,北京金通宝龙汽车销售有限公司销售的海格客车内的座椅与其专利设计极其相似,侵犯了它的外观设计专利权,造成了巨大的经济损失,要求两公司赔偿损失。问:西班牙车辆座位制造工业公司可以有哪些途径解决该专利侵权纠纷,以获得侵权损害赔偿?

【任务】课堂分组讨论:两被告是否构成侵权?[1]

[1] 列出专利侵权纠纷的解决途径,关键明确不同的解决途径适用的条件不同,后果不同。

项目三 典型案例研习

义乌贝格塑料公司、张海龙侵害发明专利权纠纷案[1]

【基本案情】上海尼禄国际贸易有限公司为名称为“自粘膜止回空气包装材料C型袋及其制造方法”的发明专利申请日为2005年7月29日，授权公告日为2009年6月10日，专利号为ZL×××××××××××××.0的专利权人。2012年11月5日，该专利权人由上海尼禄国际贸易有限公司变更为艾尔贝公司，目前该专利仍在保护期内。

贝格公司成立于2016年3月10日，系一人有限责任公司（自然人独资），股东为张海龙，经营范围为塑料制品销售、空白塑料袋分切；塑料袋生产、销售。2016年6月6日，艾尔贝公司向上海市东方公证处申请办理保全证据公证，使用公证处电脑进入www.1688.com网站，搜索“义乌市贝格塑料制品有限公司”，在搜索结果页面点击进入义乌市贝格塑料制品源头厂家销售页面，页面显示的联系人为张海龙，在该销售页面点击购买了侵权产品：名称为10柱20CM高普通厚奶粉气柱袋冲袋。贝格公司确认涉案公证的1688销售网页系其经营。

阿里巴巴公司系涉案1688.com网站经营者，其业务种类为第二类增值电信业务中的传真存储转发业务、信息服务业务。

2016年5月29日，阿里巴巴网络平台收到艾尔贝公司针对贝格公司的投诉信息，指控贝格公司销售的产品落入其涉案专利权保护范围，并同时附有专利号、侵权产品链接地址等信息。2016年6月1日，阿里巴巴公司受理该投诉并将该投诉通知贝格公司。2016年6月3日，贝格公司向阿里巴巴公司发起反通知，认为其产品未侵犯艾尔贝公司的知识产权。2016年6月6日，阿里巴巴公司认定反通知成立，但未对投诉信息进行处理。2017年1月26日，阿里巴巴公司向浙江省杭州市钱塘公证处申请保全证据公证，使用公证处电脑查询显示艾尔贝公司前述购买公证的四个产品链接地址均已删除。

艾尔贝公司以贝格公司、张海龙以及阿里巴巴公司为被告向法院提起专利侵权诉讼。

一审法院裁判结果：

一审法院认为，艾尔贝公司是涉案ZL×××××××××××××.0号“自粘

[1] 最高人民法院知识产权审判案例指导第十一辑：中华人民共和国民事裁定书（2018）最高法民申4149号。

膜止回空气包装材料C型袋及其制造方法”发明专利的专利权人，该专利目前处于有效状态，任何单位或个人未经专利权人许可，不得实施其专利，即不得为生产经营目的制造、使用、许诺销售、销售、进口其专利产品，或者使用其专利方法以及使用、许诺销售、销售、进口依照该专利方法直接获得的产品，否则属于侵害发明专利权的行为，依法应当承担相应的民事责任。被控侵权产品落入涉案专利权利要求1、2的保护范围，被控侵权产品的制造方法落入涉案专利权利要求3—5的保护范围，贝格公司制造、销售、许诺销售被控侵权产品，使用专利方法，以及许诺销售、销售依照该专利方法直接获得的产品，构成专利侵权，应承担停止侵权、赔偿损失的民事责任。关于贝格公司应承担的赔偿数额，艾尔贝公司主张适用法定赔偿方式，一审法院综合考虑涉案专利类型、贝格公司实施侵权行为的性质、被控侵权产品的销售价格以及其他侵权情节、后果等因素酌情确定其应当承担的赔偿额。关于阿里巴巴公司是否应承担相应的民事责任，一审法院认为，阿里巴巴公司系1688网站的经营者，系网络服务提供者，根据侵权责任法的规定，网络用户利用网络服务实施侵权行为的，被侵权人有权通知网络服务提供者采取删除、屏蔽、断开链接等必要措施，网络服务提供者接到通知后未及时采取必要措施的，对损害的扩大部分与该网络用户承担连带责任；网络服务提供者知道网络用户利用其网络服务侵害他人民事权益，未采取必要措施的，与该网络用户承担连带责任。本案中，阿里巴巴公司收到投诉后，及时将该投诉转达给被投诉人，在收到被投诉人的反通知后亦及时将该反通知转送给投诉人，阿里巴巴作为网络服务经营者，对于其关于投诉人与被投诉人提交的投诉和反通知中专利侵权与否的判断不能苛以过高要求，故艾尔贝公司认为阿里巴巴公司存在主观过错，应与贝格公司构成共同侵权的主张不能成立，其要求阿里巴巴公司承担相应民事责任的主张，一审法院亦不予支持。

二审法院裁判结果：

二审争议焦点是：一、一审法院对本案行使管辖权有无违反法定程序；二、被诉侵权产品的技术特征是否落入涉案专利权利要求1、2的保护范围；三、被诉侵权产品的制造方法是否落入涉案专利权利要求3-5的保护范围；四、一审判决的赔偿数额是否合法合理；五、张海龙是否应承担连带赔偿责任。

关于第一个争议焦点，二审法院认为，《中华人民共和国民事诉讼法》第一百二十七条规定：“人民法院受理案件后，当事人对管辖权有异议的，应当在提交答辩状期间提出。……当事人未提出管辖异议，并应诉答辩的，视为受诉人民法院有管辖权，但违反级别管辖和专属管辖规定的除外。”本案一审期间，原审三被告均未提出管辖异议，并且均出庭就案件实体内容进行了答辩，一审法院对本案行使管辖权也未违反级别管辖和专属管辖规定。故对上诉人第一项上诉理由不予采信。

关于第二个争议焦点，二审法院认为，涉案专利说明书中记载了“利用单纯的薄膜自粘吸附的性能，……生产出利用自粘膜止回空气包装材料”，“当停止充气时，塑料薄膜 2a 与塑料薄膜 2b 薄膜的内表层由于具有特殊的性能，两层薄膜的内表面自动吸附粘在一起，……实现薄膜自粘吸附止漏的功能技术发明”。根据上述记载，本领域普通技术人员能够理解说明书中的“特殊的性能”是指使塑料薄膜能够相互吸附的自粘性能，权利要求书中的“自粘膜”是指具有相互吸附的自粘性能的塑料薄膜，且未限定塑料薄膜的材质。本案被诉侵权产品的两个内层塑料薄膜在未充气状态下系粘附在一起，具有相互吸附的自粘性能，故上诉人主张被诉侵权产品是多层共挤膜材料制作、并非自粘膜，本院不予采信。此外，涉案产品专利并不涉及组合物专利，不属于封闭式权利要求。故对上诉人第二项上诉理由亦不予采信。

关于第三个争议焦点，二审法院认为，《中华人民共和国专利法》第六十一条规定：“专利侵权纠纷涉及新产品制造方法的发明专利的，制造同样产品的单位或者个人应当提供其产品制造方法不同于专利方法的证明。”本案中，根据权利要求 3-5 专利方法获得的产品包含了涉案产品专利权利要求 1 的全部技术特征以及权利要求 2 的部分技术特征，由于权利要求 1 已得到授权，在无相反证据的情况下，可认定权利要求 3—5 为新产品制造方法。而被诉侵权产品包含了涉案专利权利要求 1、2 的全部技术特征，可以认定其与根据权利要求 3—5 专利方法获得的新产品为同样产品。故应当由贝格公司证明其产品制造方法不同于专利方法，一审法院分配举证责任没有错误，本院对上诉人第三项上诉理由亦不予采信。

关于第四个争议焦点，二审法院认为，在权利人的损失、侵权人获得的利益均难以确定，且无可参照的专利许可使用费的情况下，一审法院根据涉案专利权的类型、专利权在产品价值中的比重、被控侵权产品的销售价格以及贝格公司侵权行为的情节和后果等因素，确定的赔偿数额合理有据。艾尔贝公司主张的律师费系其实际支出，属于维权的必要费用，也符合法律服务的市场价格，应予以全额支持。至于贝格公司对哪款产品侵权提出异议，一审法院已在判决书第 8 页第 1 段末尾载明“原告明确本案被控侵权产品是上述 8 柱 24 高气柱袋瓶装酒发货防碎用气泡袋保健品防破空气柱、玻璃瓶装食品气柱袋老干妈海产品包装气泡柱”，且在技术特征比对中明确该两款产品的相应技术特征相同，故一审法院系对上述两款产品作出侵权认定。二审法院对上诉人第四项上诉理由不予采信。

关于第五个争议焦点，二审法院认为，《中华人民共和国公司法》第六十三条规定："一人有限责任公司的股东不能证明公司财产独立于股东自己的财产的，应当对公司债务承担连带责任。"本案中，贝格公司系一人有限责任公司，张海龙作为该公司股东虽辩称不存在公司财产与个人财产混同，但始终未能提供证据证明其主张，其应当承担举证不能的后果，即对公司债务承担连带责任。故对上诉人第五项上诉理由亦不予采信。

再审法院裁判结果：

再审争议焦点是：（一）一审法院是否具有管辖权；（二）一审法院举证责任分配是否错误；（三）被诉侵权产品是否落入涉案专利权保护范围；（四）一审认定的赔偿数额是否合法合理；（五）张海龙是否应承担连带赔偿责任。

（一）关于一审法院是否具有管辖权的问题

《中华人民共和国民事诉讼法》第一百二十七条规定："人民法院受理案件后，当事人对管辖权有异议的，应当在提交答辩状期间提出。……当事人未提出管辖权异议，并应诉答辩的，视为受诉人民法院有管辖权，但违反级别管辖和专属管辖规定的除外。"本案一审期间，贝格公司和张海龙均出庭应诉且均未在提交答辩状期间提出管辖权异议，故贝格公司和张海龙关于一审法院没有管辖权的再审申请理由不能成立，本院不予支持。

（二）关于一审、二审法院举证责任分配是否错误的问题

《中华人民共和国专利法》（以下简称专利法）第六十一条规定："专利侵权纠纷涉及新产品制造方法的发明专利的，制造同样产品的单位或者个人应当提供其产品制造方法不同于专利方法的证明。"依据上述规定，在涉及新产品制造方法的发明专利侵权纠纷中，被诉侵权人应当承担产品制造方法不同于专利方法的证明责任，亦即举证责任倒置。其中，根据法律和司法解释的相关规定，新产品应当是指在国内外第一次生产出的产品，该产品与专利申请日之前已有的同类产品相比，在产品的组分、结构或者其质量、性能、功能方面有明显区别。产品或者制造产品的技术方案在专利申请日前为国内外公众所知悉的，应当认定该产品不属于专利法规定的新产品。

新产品或者新产品的制造方法在专利申请日前不为国内外公众所知悉，制造同样产品的单位或者个人使用专利方法的可能性较大，而与制造相关的证据主要由被诉侵权人掌握，如果按照民事侵权“谁主张谁举证”的原则分配举证责任，则显失公平。因此，专利法才规定由被诉侵权人承担举证责任。但是，举证责任倒置属于民事侵权中“谁主张谁举证”一般原则的例外，对于权利人产品是否属于新产品仍然应当由权利人举证证明。权利人提交初步证据证明该产品属于专利法规定的新产品的，应当认定其已经尽到举证义务。上述初步证据应当能够证明涉案产品与专利申请日之前已有的同类产品相比，在产品的组份、结构或者其质量、性能、功能方面有明显区别。

二审法院认为，因依照权利要求3—5专利方法获得的产品包含了权利要求1的全部技术特征及权利要求2的部分技术特征，而权利要求1已得到授权，在无相反证据的情况下，可以认定权利要求3—5为新产品制造方法。亦即二审法院认为因权利要求1获得授权，所以权利要求1所限定的产品即为新产品。如前所述，不能因权利要求1获得授权即推定其所限定的产品即为新产品，而是应当由艾尔贝公司举证证明其产品属于新产品。在艾尔贝公司未举证证明涉案专利产品属于新产品的情形下，二审法院即直接推定涉案专利产品为新产品，并进而推定权利要求3—5为新产品制造方法缺乏事实和法律依据，本院予以纠正。贝格公司和张海龙该项再审申请理由成立。

（三）关于被诉侵权产品是否落入涉案专利保护范围的问题

根据《专利审查指南》的规定，封闭式的权利要求一般为化学领域发明专利权利要求所采取的撰写方式，宜采用“由……组成”的表达方式，其一般解释为不含有该权利要求所述以外的结构组成部分或方法步骤。涉案专利权利要求1使用的“其特征在于”措词本身含义就应当理解为没有排除未指出的结构组成部分，因此二审法院认定权利要求1不属于封闭式权利要求并无不当。

在针对涉案专利的无效宣告请求审查程序中，艾尔贝公司为了证明自粘膜属于现有技术，具有自粘性的膜为本领域技术人员所熟知，提交了“编号为GB10457-89、名称为‘聚乙烯自粘保鲜膜’的中国国家标准”。专利复审委员会所作的无效宣告决定认定：“具有自粘性的聚乙烯薄膜已是本专利申请日之前的公知常识，本领域技术人员能够实现本专利塑料薄膜2a、2b的‘自粘吸附的性能’。”被诉侵权产品的两个内层塑料薄膜在未充气状态下粘附在一起，具有相互吸附的自粘性能。故贝格公司和张海龙关于被诉侵权产品不具备自粘膜有关技术特征的主张不能成立。一审、二审法院认定被诉侵权产品落入涉案专利权利要求1、2的保护范围并无不当。

如前所述，一审、二审法院在未查明权利要求3—5是否属于制造新产品方法的情形下，即通过适用举证责任倒置的方式推定被诉侵权产品的制造方法落入权利要求3—5的保护范围，属于认定事实不清，适用法律错误，本院予以纠正。

（四）关于一审认定的赔偿数额是否合法合理的问题

专利法第六十五条规定："侵犯专利权的赔偿数额按照权利人因被侵权所受到的实际损失确定；实际损失难以确定的，可以按照侵权人因侵权所获得的利益确定。权利人的损失或者侵权人获得的利益难以确定的，参照该专利许可使用费的倍数合理确定。赔偿数额还应当包括权利人为制止侵权行为所支付的合理开支。""权利人的损失、侵权人获得的利益和专利许可使用费均难以确定的，人民法院可以根据专利权的类型、侵权行为的性质和情节等因素，确定给予一万元以上一百万元以下的赔偿。"《最高人民法院关于审理专利纠纷案件适用法律问题的若干规定》第二十一条规定："权利人的损失或者侵权人获得的利益难以确定，有专利许可使用费可以参照的，人民法院可以根据专利权的类型、侵权行为的性质和情节、专利许可的性质、范围、时间等因素，参照该专利许可使用费的倍数合理确定赔偿数额；没有专利许可使用费可以参照或者专利许可使用费明显不合理的，人民法院可以根据专利权的类型、侵权行为的性质和情节等因素，依照专利法第六十五条第二款的规定确定赔偿数额。"

本案中，权利人的损失、侵权人获得的利益均难以确定，而且也无可参照的专利许可使用费，在此情形下，一审、二审法院根据涉案专利类型、侵权行为的性质、被诉侵权产品的销售价格以及其他侵权情节和后果等因素，酌情确定了贝格公司赔偿艾尔贝公司经济损失及合理费用10万元，并未超过法定赔偿额上限，符合专利法第六十五条和《最高人民法院关于审理专利纠纷案件适用法律问题的若干规定》第二十一条的规定。虽然一审、二审法院关于被诉侵权产品制造方法落入涉案权利要求3—5的保护范围的认定错误，但是考虑到被诉侵权产品落入涉案专利权利要求1、2的保护范围，上述赔偿额亦属合理，故本院予以维持。

（五）关于张海龙是否应承担连带赔偿责任的问题

《中华人民共和国公司法》第六十三条规定："一人有限责任公司的股东不能证明公司财产独立于股东自己的财产的，应当对公司债务承担连带责任。"本案中，张海龙虽主张不存在公司财产与其个人财产混同的情形，但其并未提交证据予以证明，故根据上述规定，应对公司债务承担连带责任。贝格公司和张海龙的相关再审申请理由不能成立，本院不予支持。

虽然贝格公司和张海龙的部分再审申请理由成立，但被诉侵权产品落入涉案专利权利要求 1、2 的保护范围，故二审判决关于贝格公司和张海龙构成侵权并应当承担连带赔偿责任的结论正确，对于二审判决的结果，予以维持。

【裁判要点】1. 在侵权诉讼中，不同的发明种类可能产生不同的举证责任。根据《专利法》第 66 条的规定："专利侵权纠纷涉及新产品制造方法的发明专利的，制造同样产品的单位或者个人应当提供其产品制造方法不同于专利方法的证明。"所以，如果是新产品的制造方法，应当由专利权人承担举证责任。此时不适用谁主张谁举证的规定。2. 关于赔偿数额的认定，根据《专利法》第 71 条的规定，侵犯专利权的赔偿数额可以由以下几个步骤组成：（1）实际损失。按照权利人因被侵权所受到的实际损失或者侵权人因侵权所获得的利益确定；（2）参照许可使用费。权利人的损失或者侵权人获得的利益难以确定的，参照该专利许可使用费的倍数合理确定。（3）惩罚性赔偿。对故意侵犯专利权，情节严重的，可以在按照上述方法确定数额的一倍以上五倍以下确定赔偿数额。权利人的损失、侵权人获得的利益和专利许可使用费均难以确定的，人民法院可以根据专利权的类型、侵权行为的性质和情节等因素，确定给予三万元以上五百万元以下的赔偿。（4）支持合理开支。赔偿数额还应当包括权利人为制止侵权行为所支付的合理开支。（5）自由裁量权。人民法院为确定赔偿数额，在权利人已经尽力举证，而与侵权行为相关的账簿、资料主要由侵权人掌握的情况下，可以责令侵权人提供与侵权行为相关的账簿、资料；侵权人不提供或者提供虚假的账簿、资料的，人民法院可以参考权利人的主张和提供的证据判定赔偿数额。

【任务】该案例系专利侵权纠纷的一个综合案例。案情涉及专利侵权纠纷案件的管辖权、专利权保护范围认定、专利侵权赔偿数额认定、以及新产品专利的举证责任分配问题。仔细阅读本案例，通过查阅案件信息，评析案件并组织模拟法庭。

主要参考书目

[1] 王迁.知识产权法教程[M].北京：中国人民大学出版社，2021.

[2] 刘春田.知识产权法[M].北京：高等教育出版社，2015.

[3] 吴汉东.知识产权法[M].北京：北京大学出版社，2018.

[4] 郭禾.知识产权发[M].北京：中国人民大学出版社，2020.

[5] 漆海燕，李飞鸣，马丽.知识产权法[M].成都：西南交通大学出版社，2019.

[6] 王莲峰.商标法学[M].北京大学出版社，2019.

[7] 王太平，姚鹤徽.商标法[M].北京：中国人民法学出版社，2020.

[8] 黄炎娇.商标流程管理[M].北京：冶金工业出版社，2019.

[9] 苏平，何培育.专利法[M].北京：北京大学出版社，2020.

[10] 马一德.专利法原理[M].北京：高等教育出版社，2021.

[11] 王迁.著作权法[M].北京：中国人民大学出版社，2015.

[12] 张今.著作权法[M].北京：北京大学出版社，2020.

[13] 王鹏，但小红.知识产权法原理与实务[M].北京：中国政法大学出版社，2019.

[14] 沈世娟，杨伟红.知识产权法原理与案例[M].北京：中国政法大学出版社，2019.

[15] 法律出版社法规中心.中华人民共和国知识产权法律法规全书[M].北京：法律出版社，2021.

[16] 最高人民法院知识产权审判庭.最高人民法院知识产权案例指导[M].第十一辑.北京：中国法制出版社，2019.

[17] 胡康生.中华人民共和国著作权法释义[M].北京：法律出版社，2002.

[18] 袁秀挺.知识产权判理[M].北京：知识产权出版社，2018.